深読みNow 9

若者とともに

地域をつくる
学校を変える
社会・政治を変える

宮下与兵衛
Miyashita Yohee

かもがわ出版

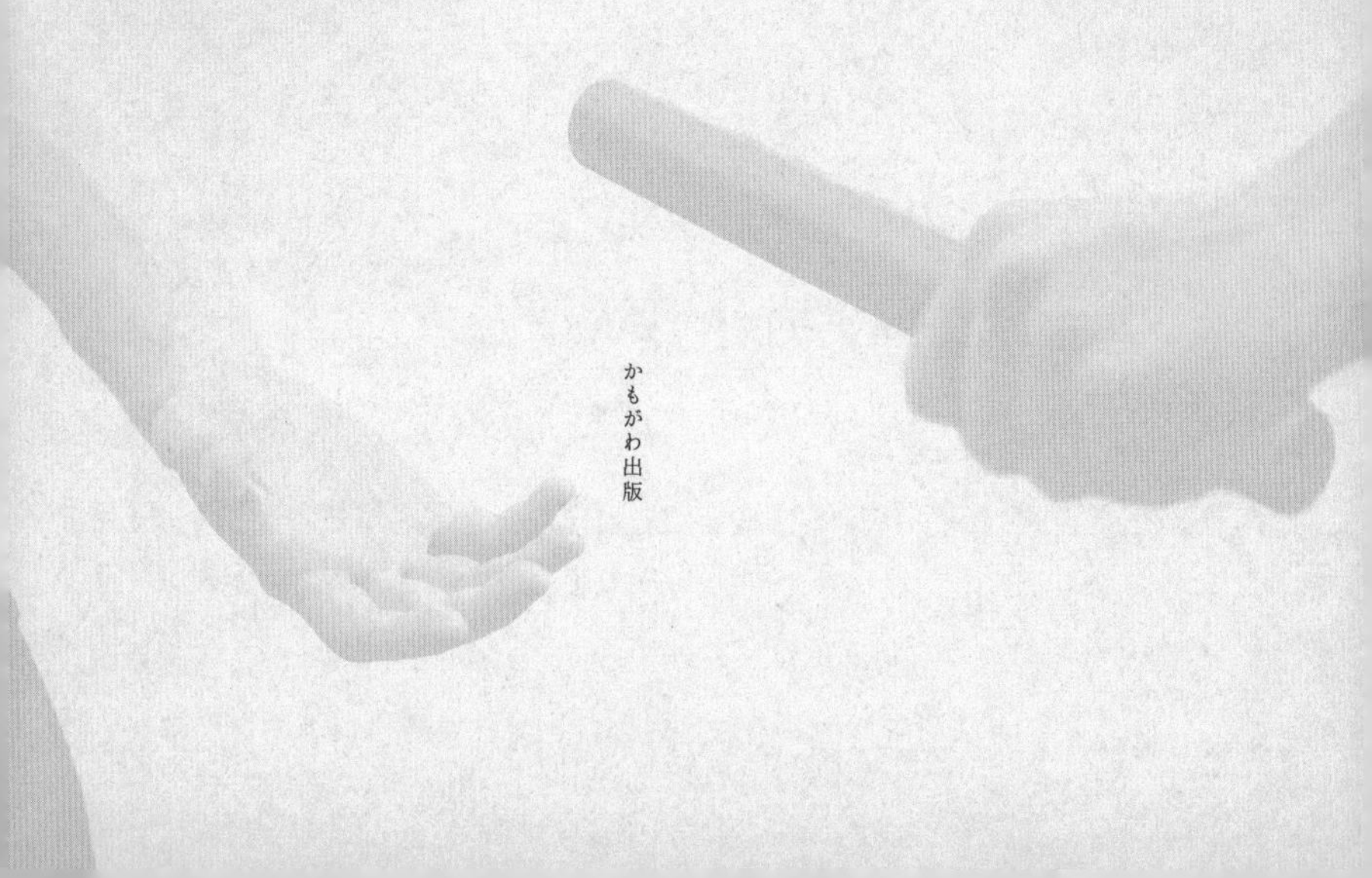

まえがき

私は高校の教員を37年間勤め、続いて大学の教員を10年間勤めてきました。私が高校の学校現場で実践してきたことは、高校生が学校運営に参加できる場をつくり、校則などの改善を生徒と共にすすめ、また高校生たちとまちづくりに参加してきたこと等です。そして、高校生の自主活動である「高校生サマーキャンプ」や「高校生討論集会」や「高校生平和ゼミナール」のサポーターとして共に活動してきました。大学では教育学専攻の学生たちと、今の若者の現状分析とどうしたら主権者に育つのかということを共に考えてきました。また、欧米各国の学校・社会への若者参加の研究をしている研究者たちと、世界の主権者を育てる教育について研究してきました。

この本では若者について考えていきますが、ここで若者というのは、思春期（12～17歳）・青年期（18～29歳）・ポスト青年期（30～39歳）の若者のことです。

若者研究をしているということで、いろいろな団体の学習会に呼ばれて講演をしていますが、講演が終わり団体の役員のみなさんと話をすると決まって「後継者がいなくて困っています。どうしたらいいでしょう」という質問に出合います。「若者に私たちの活動を継続してほしいのですが、若者の参加がないし、どう若者を誘ったらいいのかわかりません」、こうしたことが全国の多くの地域活動、社会活動、そして政治活動で起きています。

若者が「社会や地域の問題に関心がない」「選挙に行かない」「署名もしてくれない」からはじまり、「近所に家を建てたが隣組に入ってくれない」「消防団に入ってくれない」「労働組合に入らない」など、若者が変化してしまったのです。

また、団体や職場の研修会では、「若者が何を考えているかわからない」「話し合いで発言をしない」「注意すると返事はいいが、自分のやり方を変えない」「シフトが空いてしまったので、お願いしても交代や残業をしてくれない」「リーダーになっていこうという若者がいない」などについての質問が次々に出てきます。

さらに家庭でも「なぜ、選挙に行かないの?」と聞くと「どの政党に入れたらいいのかわからない」との返事。あるいは、「選挙に行っても、どうせ変わらない。コスパが悪い、タイパが悪い」と答えます。コスパとはコストパフォーマンス（「費用対効果」のことで、自分が支払った金銭や労力、負担とそれによって得られた能力や結果、食べ物なら美味しさなどのこと）、タイパとはタイムパフォーマンス（「時間対効果」のことで、費やした時間とそれによって得られた効果や収穫、満足度など）のことで、「変わらないことに時間をかけるのはお金のムダ、時間のムダ」ということです。

こうした若者の発言に対して、「政治や社会に関心がなく、お金が一番なんだな」と考えてしまいがちです。しかし、そこには誤解もあるのです。若者は「どの政党に入れたらいいのかわからないのにいいかげんな投票はできない」「よくわからないのに他人に頼まれた政党に入れたら無責任な投票になってしまう」と考えてもいるのです。そして、「お金や時間が一番」と考えているというより、「選挙で投票しても政治は変わらない」と考えているのはなぜなのかということこそ大事なのです。この若者の心理がわからないと誤解したままになります。

今の若者の多くは選挙で、「親から言われたから」「会社から言われたから」「労働組合から言われたから」「職場の人に頼まれたから」投票に行くということはほとんどありません。政党や政治家の政策や誠実さに自分が納得しなければ投票はしません。しかしその政策を自分で調べる前に、「誰がやっても日本の政治や社会は変わらない」と思ってしまうので選挙に行かないのです。なぜ、若者たちは「変わらない」と思っているのか、この本で考えていきます。

こうした若者の変化について最初は「ゆとり世代だから」と言われていました。しかし、その原因とされた「ゆとり教育」が終了してから育った若者たちも同じかそれ以上の特徴を持っていたのです。原因は「ゆとり教育」ではありません。むしろ「ゆとり教育」と言われた教育は各教科の知識詰め込み教育を見直して、「総合的な学習の時間」などを導入して各教科を横断する総合的な学力をつけようとしたものでした。文部科学省（以後、文科省）はそうした「総合的な学習の時間」による学力の向上について再評価して重視し、高校では「探究の時間」として現在取り組まれています。

私たち大人は若者の悩み、苦しみを理解しているでしょうか。次の就活中の大学生が述べた言葉はとても鋭く、印象的でした。①「就活ではコミュニケーション能力やチームワークや連帯が求められるが、そんな世の中で育ってきていない。競争と自己責任と言われ、負け組にならないよう頑張ってきた」（男子）。②「就活で個性や主体性を出せと言われるが、そんなこと高校までありえなかった。いつもみんなと同じようにやるよう言われ、意見を言ったりしないよう目立たないようにしていた」（女子）。

この男子学生が述べている「そんな世の中」とは新自由主義の世の中のことで、若者たちは福祉主義の世の中が終わってから生まれ育ってきたのです。女子学生が述べているのは学校のことです。会社や社会から求められていることと異なる社会体験、学校体験を経験してきて「困っている」と言っているのです。

こうした若者の現象は欧米では1980年代から、日本では2000年代から顕著になりました。日本の若者はこうした状態が現在も続いているのですが、欧米の若者たちは2011年から変化し始め、以降は素晴らしい社会活動を展開し、むしろ若者たちが社会活動の先頭に立っているのです。

なぜ、日本の若者はさまざまな活動に参加しないのか。どうしたら若者が関心を持つようになるのか。若者が参加しているところではどんなことをして成功しているのか。この本ではそうした疑問や要望にこたえられるよう、日本だけでなく、気候変動防止活動などさまざまな課題で「世界の若者たちが社会変革を担う時代を迎えている」（ＮＨＫスペシャル「２０３０未来の分岐点」）

といわれている欧米の若者たちの活動と、何がそうした若者たちを育てているのか紹介していきます。

また、国内で若者を主体的な市民、つまり主権者に育てている学校での取り組み、自治体での取り組み、職場での取り組みについて紹介していきます。

地域活動、社会活動、政治的活動で後継者がいないと困っているみなさん、まずこの本をお読みください。

＊文中の本の引用は（著者名・発行年）と書いていますので、本の最後の【参考文献】欄で書名を見てください。

若者とともに　地域をつくる　学校を変える　社会・政治を変える◆目次

まえがき……………… 1

第1章　日本の18歳成年時代の今
——びっくりするような若者の社会・政治離れ……………… 9

1、18歳成年がスタートしたが　9
2、「自分を大人だと思わない」「大人になりたくない」若者たち　10

第2章　若者が社会は変えられないと思い込むわけ
——政治教育の欠如と新自由主義……………… 21

1、日本の若者の主権者意識——政治意識・社会意識の実態　21
2、なぜ、日本の若者は社会参加しようとしないのか　23

第3章　声を上げる世界の若者たち
——社会を変える先頭に立つ若者たち……29

第4章　世界の主権者教育・政治教育……42
1、学校運営への生徒参加による主権者教育　43
2、行動する市民を育てる政治教育　49
3、アメリカ・シカゴで見てきた学校と地域による「市民を育てる教育」　64

第5章　どうする自立した市民育成への道
——主権者教育と社会活動参加への誘い……76
1、学校で若者を主権者に育てる　76
2、若者と議論した「新自由主義」「民主主義」「新しい戦前」　107
3、社会参加する高校生たち　120
4、社会を変える若者たち　143

第6章　自治体が若者を主権者に育てている取り組み……149
1、ヨーロッパの取り組み　149
2、日本での取り組み　151
第7章　職場が若者を主権者に育てている取り組み……163
第8章　職場や地域での若者への接し方、サポートの仕方……175
あとがき……197

装丁　加門啓子

第1章　日本の18歳成年時代の今
——びっくりするような若者の社会・政治離れ

1、18歳成年がスタートしたが

２０２２年４月１日から成年年齢が20歳から18歳に変更になりました。明治時代から１４０年間続いてきた20歳成人という民法が改正されたことによりますが、すでに公職選挙法の選挙権年齢と憲法改正国民投票の投票権年齢は２０１６年６月から施行されていました。

つまり主権者年齢のほうが先行した訳ですが、試行してから6年経つのに日本の20代の若者の選挙での投票率は3割台前半のままで欧米の若者の半分であり、また世界の若者たちは気候変動防止行動やジェンダー平等などの社会問題の先頭に立って行動していますが、比較して日本の若者の社会運動参加は極めて少ないのです。

そうした世界の若者と対照的な、選挙に行かず主権者意識の低い日本の若者について、その社会意識・政治意識の実態と、なぜそうなっているのかについて考えていきたいと思います。

2、「自分を大人だと思わない」「大人になりたくない」若者たち

(1) 世界の若者との成年意識・主権者意識の違い

日本の若者の「成年」や「主権者」に関わる意識はどのようになっているのでしょうか。下の表は日本財団が2019年に調査・比較した結果です。各国の17歳から18歳の男女1000人（各年齢の男女167人ずつ）に調査した「18歳意識調査」の一部です。日本財団のほぼ同じ質問内容の2022年3月24日発表のものがありますが、新型コロナ禍の影響のなかった2019年のものを見ていきます。

「第20回-社会や国に対する意識調査-」日本財団　2019年11月30日

質問項目	日本 (%)	インド・インドネシア・韓国・ベトナム・中国・イギリス・アメリカ・ドイツ の平均値 (%)
自分を大人だと思う	29.1	76.3
自分は責任がある社会の一員だと思う	44.8	87.2
将来の夢を持っている	60.1	92.6
自分で国や社会を変えられると思う	18.3	58.3
自分の国に解決したい社会課題がある	46.4	76.0
社会課題について、家族や友人など周りの人と積極的に議論している	27.2	74.6

https://www.nippon-foundation.or.jp/who/news/pr/2019/20191130-38555.html より

いずれの質問項目でも日本の若者の回答は9ヵ国中最低で、しかも他国と比較して著しく低い結果になっています。成年年齢に関わる質問は「自分を大人だと思う」で、「そう思う」が中国は90％、インド84％、イギリス・ドイツは82％を超えています。また、「将来の夢を持っている」以外の質問は主権者としての意識に関わるものですが、いずれも他国と比較して著しく低い結果です。

日本の若者はなぜこのような意識なのか考察していきます。

関西大学教授の片桐新自さんは「自分を人人だと思う」と似ている質問で、「大人になるより、子どものままでいたいと思うか」という質問に、大学生の56％が「そう思う」と答えており、多くの若者が「みんなと力を合わせて、世の中をよくする」が激減（4・8％）して、「身近な人たちとなごやかな毎日を送る」（43・7％）ことを生活目標とする「身近で小さな幸せ」に内閉化していると指摘（片桐新自２００９）しています。ここには、大人になると社会に出なくてはならないが、できれば社会に出ずに家族や親しい人とだけで生活していきたいという心情が表れていると考えられます。

⑵ なぜ、「大人になりたくない」のか

子どもは「社会」という共同体のなかで大人に育っていく「青年期」を過ごします。この「社会」とは、人類がつくってきた自由・平等・民主主義・正義・共同・連帯などによって成り立つ

福祉国家的共同体であり、その「社会」体験によって大人、市民に育っていくのです。しかし、1980年代からこの「社会」を壊してきたのが新自由主義です。先進国で最初に新自由主義政策を始めたイギリスのサッチャー首相は、「『社会』というようなものは存在しない。あるのは個々の男性と女性であり、そして家族である」と「社会」を否定する新自由主義の本質を述べ、福祉国家を形成していた「社会」を解体していきました。この福祉国家を否定して新自由主義国家の姿を提起したのが、アメリカのシカゴ大学教授のミルトン・フリードマンの『選択の自由』(講談社文庫)です。また、世界各国で福祉政策を解体して新自由主義政策に転換していった、そのために大災害すら利用されていったことを描いたのがナオミ・クラインの『ショック・ドクトリン―惨事便乗型資本主義の正体を暴く』(上・下、岩波書店)です。この本については堤未果さんがNHKでわかりやすく解説した『100分de名著ナオミ・クライン「ショック・ドクトリン」2023年6月』(NHK出版)もあります。

群馬大学教授の豊泉周治さんは、若者たちに欠落してしまったのは、「若者を承認し共同体に迎え入れる『社会』の存在であり、『アイデンティティの保護者としての社会制度』なのである。そして、新自由主義イデオロギーを背景とする社会政策・教育政策が、そうした『社会』の解体を推し進めるものであった」(豊泉周治2014)と述べています。

市場原理主義の「競争と自己責任」「自助努力」を強いられ、「派遣労働」「非正規労働」「ブラック職場」「過労死」「格差と貧困」という冷たく厳しい新自由主義の世の中で、さらにお茶の水女子大学教授の耳塚寛明さんのグループが分析した「学力格差は家庭の経済力格差で決まる」（耳塚寛明2019）ことも明らかになっていきました。筑波大学教授の土井隆義さんは、こうして「努力しても報われないと考える若者が増加し、仕事や遊びなどで自分の可能性をためすために、できるだけ多くの経験をしたい、が減り、わずらわしいことはなるべく避けて、平穏無事に暮らしたいという宿命論者が増えている」（土井隆義2019）としています。

⑶「生活満足度」は高いが、「精神的幸福度」は先進国で最低

土井教授は、「若者たちは高い車やブランド品が欲しいというような欲望は低く、スマホやコンビニでの便利な生活に満足していて『生活満足度』は高い」としています。しかし、日本の若者の「精神的幸福度」は先進38ヵ国中37位（ユニセフ2020年）で、願いの一番は「お金が欲しい」となっています。

大学生の半数は奨学金を借りていて、全学生の3人に1人が平均300万円の借金を背負って社会に出ています。大学生の学費は1971年と比較して国立大学で50倍に、私立大学で10倍に上がっていて、消費者物価指数は3・1倍ですから大変な値上がりです。生活費も含め、多くの学生は家からの仕送りだけでは全く足りず、アルバイトに追われ、奨学金によって生活していきます。新型コロナ禍の時にはアルバイトが減り、コロナ後には光熱費や食糧費の高騰で生活が苦しく、大学の校門前でのボランティアによる食糧支援には多くの学生が並び、食糧を受け取ってい

ます。

そして多くの若者が卒業して社会に出てから数百万円もの奨学金の返済に追われています。労働者福祉中央協議会の奨学金返済中の人への２０２２年度調査では、「返済が生活設計に影響している」は、「結婚」が4割弱、「出産」「子育て」はいずれも3割強、「貯蓄」は6割強にもなっています。20年間も続く返済で、「奨学金の返済で結婚なんてできない」「奨学金の返済で子どもはつくれない」という人が大変多いのです。さらに、２０２２年の自殺者で、自殺の理由の一つとして奨学金の返還を苦にしたと考えられる人が10人いたと朝日新聞（２０２３年6月18日付）は報道しました。返済を３ヵ月滞納すると銀行などの個人信用情報機関のブラックリストに登録され、一度登録されると返済を完了してもその後の5年間は記録が残ります。滞納が続くと連帯保証人である親に一括支払いが要求され、親は数百万円を一回で払うことができずに自己破産ということになります。奨学金運営者の日本学生支援機構のデータでは、２０１２年から２０１６年の5年間に奨学金の返済ができずに自己破産した件数は、本人が８１０８件、連帯保証人が５４９９件となっていて年々増えています。

日本と対照的にヨーロッパの多くの国が大学の授業料は無償で、さらに生活の苦しい学生は返還しなくてよい給付制奨学金を受けられます。北欧諸国では大学院まで学費が無償で、日本の若者政策とは大きな差があります。

こうしたこともあり、日本の18歳から34歳までの独身者は男性も女性も7割が親と同居しているという経済的・精神的パラサイト・シングル（学卒後も親と同居し、基礎的生活条件を親に依存している未婚者）状態です。２０１８年には「ひきこもり」も１００万人を超え、うち若者が54万人、40歳から61歳が61万人とされていましたが、２０２２年の内閣府調査では１４６万人に急増しています（内閣府２０２３年報告）。

⑷ 人気の「アニメ」から消えた「社会」

若者に人気のアニメも１９９５年には『新世紀エヴァンゲリオン』が誕生し、ちょうど日本の新自由主義時代と軌を一にして、新海誠監督などの「セカイ系」と呼ばれる、内向きで無力な男子主人公とヒロインの少女が世界の危機のなかにいるというアニメに人気があります。『エヴァンゲリオン』の主人公の少年は内向きで無力ですが、「エヴァ」という汎用人型決戦兵器（ロボット）の中に入るとパワーを発揮できるのです。冷たいセカイのなかで特に男子は内向きになっていて、家族への依存、そして「エヴァ」のお腹の中に入ることは母親の胎内に入ることでパワーを発揮できることだと解釈されています。人は親離れして大人になれるのですが、今の世の中では大人になれない少年を描いているのです。

また、それらの作品の特徴は「社会」や社会に関係する人々が存在せず、気候変動などの危機の解決はみなで連帯し、運動して解決していくというものではなく、例えば新海監督の映画『天気の子』では、ビルの屋上の祠《ほこら》の前で「祈り」によって温暖化による豪雨で水没する東京を救うという、つまり超自然的に解決するという非科学的なものです。筑波大学教授の土井さんは「おみくじ・占い・お守り・お札・奇跡・あの世・来世を信じている」のは高年層よりも若者層としています。（土井隆義2019）

(5) 孤独そして絶望から「誰でもいいから殺したい」という事件の増加

派遣・たらい回しで失業、絶望した若者たちの犯罪が増加し、「誰でもいいから勝ち組を殺したかった」という小田急線・京王線などでのナイフ事件、大阪クリニック放火事件などが、2021年夏からの1年間で15件と急増しています。また進学競争に挫折して起こした東大前のナイフ事件や埼玉県の中学でのナイフ事件などが続いています。そして、若者による「闇バイト」という詐欺・強盗事件が多発しています。

2023年に長野県の中野市で32歳の若者が近所に住む婦人2人を殺害し、駆けつけた警察官2人も殺害しました。危害を加えた理由は、婦人たちが若者のことを「ボッチと言っている」というものでした。この若者は地元の進学校を卒業して東京の大学に進学しましたが、友人ができず、周りの学生から「ボッチ」とからかわれてノイローゼ状態になり両親が退学させて家に連れ戻し、以後家の経営する農業と店舗の仕事をしてきました。しばらくは参加していた地域の獅子舞の練習にも行かなくなり、人づきあいがなかったということです。「ひきこもり」にはなっていなかったのですが、自分に友だちがいない状態を「ボッチ」と誹謗されたと思い込んでの殺人と報道されました。

こうした若者が大学生の頃に、大学のトイレで弁当を食べる「便所飯」という現象が話題になりました。友だちがいなくて1人で弁当を食べているのではないかとトイレで弁当を食べていると「ボッチ」と言われるのではないかとトイレで弁当を食べていた学生たちです。2013年に住宅リフォーム会社サンリフレホールディングスが行った調査では、回答数2459人のうち、自宅または学校、会社などのトイレで食事をした経験のある人は20代で19%、30代が13%、10代が11%という結果で、女性が多いという結果でした。「競争と自己責任」と子どもの時から言われて育つ新自由主義下では、クラスでも塾でも周りの子どもたちは「競争相手」であり、内心は孤独な「たたかい」の毎日です。しかし表面上は周りの子どもと仲が良いように振舞わなくてはならない。友だちのいない子どもは「ハチ」(村八分)にされ、いじめのターゲットにされるからです。孤独なのに孤独と周りから思われたくない。そして、周りの人たちが自分を「ボッチ(孤独)」と誹謗していると誤解していき、悲劇は殺人にまで至ってしまいました。

問題は人を殺してしまうということです。若者の犯罪で急増しているものに、SNSで知り合ってつきあい、女性から交際を断られて殺してしまうという事件があります。また、女性へのデートDV(ドメスティック・バイオレンス。配偶者や恋人から振るわれる暴力)も増えています。ここには、自分の思うようにならないと暴力を振るう、殺してしまうという、コミュニケーションで人間関係をつくっていけないという若者の問題があります。人生がうまくいかないからと、子どもの時からやってきたゲームのように、「リセット」してすべてを消してやり直すことはできません。男子の好きなゲームには戦闘ものが多く、暴力によって相手を倒す、失敗したら「リセット」する、こうしたゲームの思考が少なからず影響していると思います。さらに、新自由主義の「自分にとって役に立たないものはいらない」「生産性のないものはいらない」という優生思想に通じる考え方、つまり人間の命の尊厳を軽視している考えが背景にあると思います。

(6) 新自由主義は選挙に行かない若者を生んだ

1980年代から英国・米国・日本は福祉国家から新自由主義国家に転換していきました。すると若者たちに大きな変化が表れていったのです。経済が新自由主義的構造改革されていき、また教育も新自由主義的な中央集権化と競争原理の導入がすすめられた結果、若者に疎外感、ドロップアウト（脱落）、シニシズム（社会の風潮や規範、価値観などを冷笑すること）が広がり、若者の選挙の投票率が急落していきました。若者たちは孤立化していき、内向きになっていき、社会に目を向けなくなっていきました。そして、選挙に行かない、政治や政治家を嫌う、労働組合に入らない、教会に行かない若者が急増していったのです。

こうした若者の状況について危機感をもったアメリカ政府は1990年に「国家およびコミュニティ・サービス法」を制定して、サービス・ラーニング（子どもを地域づくりや社会問題解決活動に参加させて市民に育てていくアメリカの伝統的なシティズンシップ教育）の推進を図りますが、1998年には投票率の低下など「市民が社会から遊離している」と指摘する報告書『傍観者の国家』が発表されました。

そして、2000年には、ハーバード大学教授の政治学者ロバート・パットナムが『孤独なボウリング――米国コミュニティの崩壊と再生』で「若者の危機」と警鐘を鳴らし、アメリカのコミュニティは崩壊しつつあるとして、その原因である社会関係資本（人と人とのつながり）を再生し、政治的活動などの市民社会制度を再建していくことを提起しました（ロバート・D・パットナム2006）。「孤独なボウリング」とは「ひとりボウリング」のことで、アメリカでは若者にボウリングが人気ですが、友だちのいない若者たちは「ひとりボウリング」をしているのです。日本の「ひとりカラオケ」と同じです。子どもの時から「競争と自己責任」社会の中で育ち、心を許せる友だちもいなくて孤独なのです。

続いてパットナムは世界各国の社会関係資本の実態と民主主義との関連を各国の研究者と共同して研究し、『流動化する民主主義――先進8ヵ国におけるソーシャル・キャピタル』（パットナム2013）を発行しました。それによると、各国とも選挙参加、政党加盟、組合加盟、教会参加が減退しています。特に若い世代は政治に関心が薄く、政治家と他人に不信感が強く、公的な物事に対してシニカルで、社会組織に参加しない傾向があり、それは特にアメリカとイギリスに強い傾向があるとしました。しかし、福祉国家のスウェーデンではこうした傾向は見られないとしています。

パットナムらの研究では、各国の既存の組織への参加や選挙への参加の減退を指摘しながらも、若者による「連帯主義的個人主義」や「ゆるやかな結合」を特徴とする新しい社会運動が各国で生じていることも分析しています。若者は新自由主義による冷たい世の中で個人主義的になっていますが、しかし目的が一緒なら連帯できるという「連帯主義的個人主義」や、運動を司令塔や組織によってではなく個人が自主的に参加して「ゆるやかな結合」でつくっていくというスタイルは、のちに日本でも2015年の安全保障関連法(安保法制)への反対運動を展開した「SEALDs(シールズ・自由と民主主義のための学生緊急行動)」の運動に現れたのです。

第2章　若者が社会は変えられないと思い込むわけ

——政治教育の欠如と新自由主義

1、日本の若者の主権者意識——政治意識・社会意識の実態

日本の20歳代の若者の選挙での投票率は30％台前半でほとんど変動がありません。文部科学省（以降は文科省）は18歳選挙権実施に伴い、２０１５年に高校に「主権者教育」を実施するよう通知し、以後調査して、毎年全国の高校の「主権者教育」の実施率は90％以上と発表しています。

文科省の「主権者教育」の内容は文科省が生徒用の副読本として配布したテキストのタイトルにもあるように「有権者教育」という「選挙に行こう」という内容が中心ですが、この教育を受けた２０１５年以降の卒業生たちの投票率はほとんど上昇しておらず、30％台半ばです（総務省資料、次頁）。

また、選挙投票以外の政治参加・社会問題参加も23頁の表（ＩＳＳＰ市民意識に関する国際比

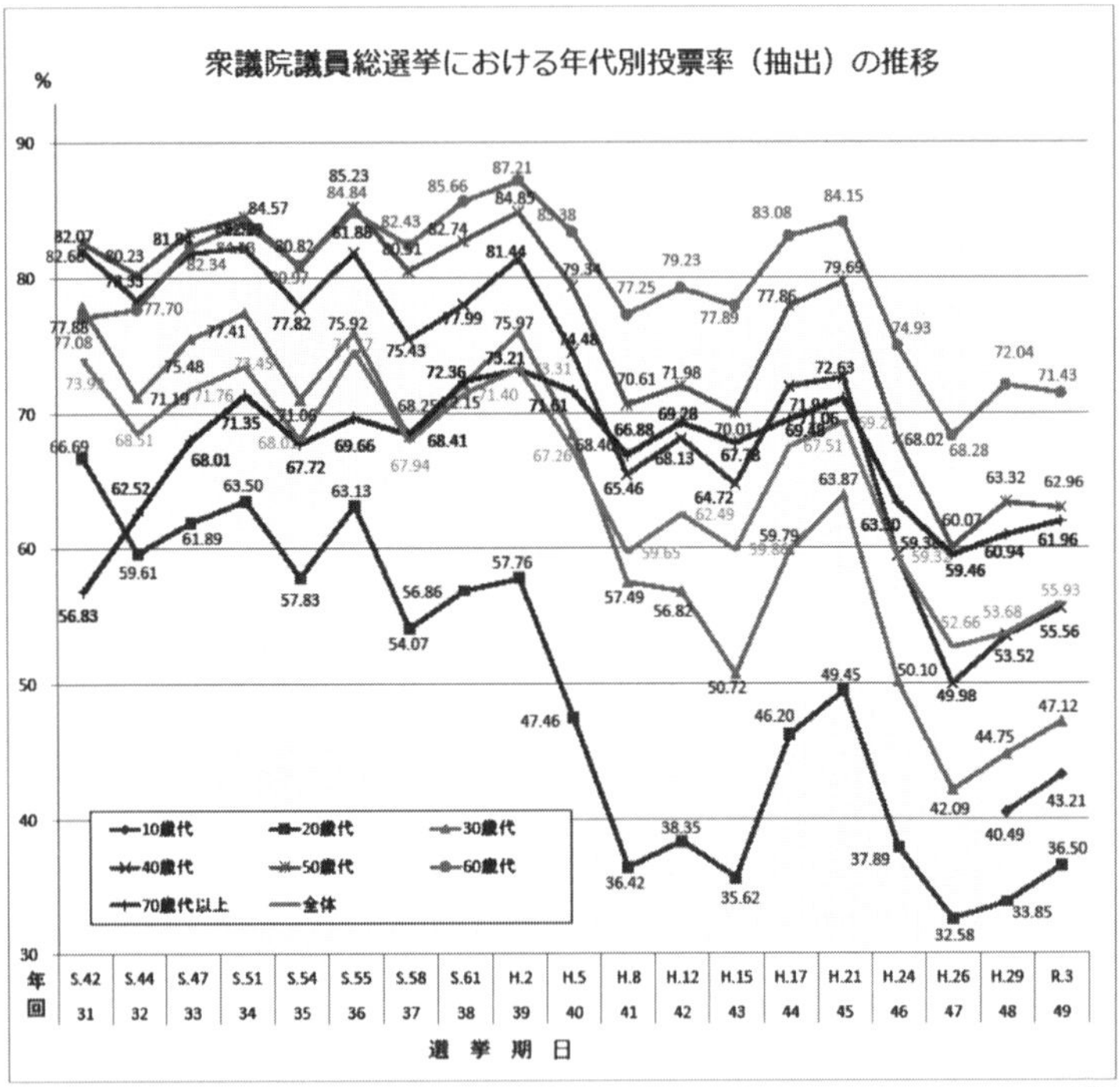

（%）

年	S.42	S.44	S.47	S.51	S.54	S.55	S.58	S.61	H.2	H.5	H.8	H.12	H.15	H.17	H.21	H.24	H.26	H.29	R.3
回	31	32	33	34	35	36	37	38	39	40	41	42	43	44	45	46	47	48	49
10歳代	／	／	／	／	／	／	／	／	／	／	／	／	／	／	／	／	／	40.49	43.21
20歳代	66.69	59.61	61.89	63.50	57.83	63.13	54.07	56.86	57.76	47.46	36.42	38.35	35.62	46.20	49.45	37.89	32.58	33.85	36.50
30歳代	77.88	71.19	75.48	77.41	71.06	75.92	68.25	72.15	75.97	68.46	57.49	56.82	50.72	59.79	63.87	50.10	42.09	44.75	47.12
40歳代	82.07	78.33	81.84	82.29	77.82	81.88	75.43	77.99	81.44	74.48	65.46	68.13	64.72	71.94	72.63	59.38	49.98	53.52	55.56
50歳代	82.68	80.23	83.38	84.57	80.82	85.23	80.51	82.74	84.85	79.34	70.61	71.98	70.01	77.86	79.69	68.02	60.07	63.32	62.96
60歳代	77.08	77.70	82.34	84.13	80.97	84.84	82.43	85.66	87.21	83.38	77.25	79.23	77.89	83.08	84.15	74.93	68.28	72.04	71.43
70歳代以上	56.83	62.52	68.01	71.35	67.72	69.66	68.41	72.36	73.21	71.61	66.88	69.28	67.78	69.48	71.06	63.30	59.46	60.94	61.96
全体	73.99	68.51	71.76	73.45	68.01	74.57	67.94	71.40	73.31	67.26	59.65	62.49	59.86	67.51	69.28	59.32	52.66	53.68	55.93

※① この表のうち、年代別の投票率は、全国の投票区から、回ごとに144～188投票区を抽出し調査したものです。

※② 第31回の60歳代の投票率は60歳～70歳の値に、70歳代以上の投票率は71歳以上の値となっています。

※③ 第48回の第10歳代の投票率は、全数調査による数値です。

較調査２０１４）のように世界各国の若者と比較して、「１未満」が多く極めて低水準です。

２、なぜ、日本の若者は社会参加しようとしないのか

新自由主義が「社会に関心がない」「選挙に行かない」若者を生んだことは第１章で述べましたが、欧米の若者たちが変化したのに、なぜ日本の若者は変わることができないのか考えてみたいと思います。

(1)「世界若者意識調査」から

まず、なぜ、「社会に関心がない」「選挙に行かない」のか、内閣府が

投票以外の政治参加も低水準

20代の過去1年にやったことがある人の割合（%）
※日本は全世代で低水準

	日	韓	米	英	独	仏	瑞
署名活動	5	24	31	48	30	40	45
商品のボイコット（政治的・倫理的・環境的理由による）	10	17	20	18	46	36	69
デモへの参加	1未満	4	12	8	10	12	12
政治集会への参加	1未満	2	7	3	11	4	13
意見表明を目的とした政治家への接触	1未満	4	10	7	6	3	9
寄付、政治活動のための基金創設	11	21	30	21	24	23	33
意見表明を目的としたメディアへの接触	1未満	3	2	4	7	3	6
インターネットでの政治的意見の表明	4	5	21	19	14	10	19

出典：ISPP 2014 Citizenship Ⅱより　室橋祐貴氏作成
（端はスウェーデン）

定期的に実施している「我が国と諸外国の若者の意識に関する調査」（日・米・英・独・仏・韓国・スウェーデン）結果から考えてみます。その２０１８年度の結果では、「自国の政治に関心がありますか」という質問に、日本の若者は「非常に関心がある」「どちらかというと関心がある」は合計で43・5％です。一番高いドイツ（70・6％）、アメリカ（64・9％）など7ヵ国のなかで日本は最低です。「社会をよりよくするため、私は社会における問題に関与したい」という質問には「そう思う」「どちらかといえばそう思う」の合計で42・3％です。これも1位はドイツ（75・5％）で日本は最低です。「将来の国や地域の担い手として積極的に政策決定に参加したい」は「そう思う」「どちらかといえばそう思う」の合計はさらに下がって33・3％です。１位はアメリカ（69・6％）で日本は最低で著しく低いのです。

ではなぜそうした意識になっているのでしょうか。それは同調査の「私の参加により、変えてほしい社会現象が少し変えられるかもしれないと思うか」という質問の回答でわかってきます。この質問に対して、一番肯定的なアメリカは「そう思う」「どちらかといえばそう思う」合わせて63・1％という結果で、続いてイギリス、ドイツ、フランス、韓国、スウェーデンと続き、日本は最下位という結果なのです。

日本の若者は「そう思う」「どちらかといえばそう思う」の合計で32・5％に対し、「そう思わない」「どちらかといえばそう思わない」の合計で50・9％という回答で、否定的な回答が他国と比較して目立っているのです。この32・5％という数字は日本の20代の若者の選挙での投票率とほぼ同じです。政治に関心がある若者も、「参加しても社会や政治は変わらない」と思うから選挙に行かないのです。それでは、なぜ日本の若者は「変わらない」と思うのか。また、文科省の呼びかけによる主権者教育実施以前の前回調査（２０１３年度）と比較しても各回答はさらに否定的になっていることから、主権者教育のあり方についても何が問題なのか考えなくてはなりません。

⑵「努力しても変わらない」と思うようになった学校体験から

私は公立と私立の２つの大学の教職科目の授業で、学生に毎年６年間、中学・高校の授業、校則、生徒会活動、「子どもの権利条約を学んだか」についてアンケートをとり意識調査をしてきました。その結果は、多くの学生が学校の校則や授業などに対して「変えてほしい」という改善要望をもっていたが、「要望を学校から聞かれたことはない」し、「変わるものだと思ったことはない」と書いていました。

また、「校則を少しでも変えたい、と生徒会役員になった」学生は、そのほとんどが「要求は学校に拒否されて終わった。その理由説明もなかった」と答えていて、「挫折感だけ味わった」と書いた学生が多く、「学習性無力感が残った。努力しても変わらないことを学んだ。日本は変わらないと思う」という学生もいました。

ある高校の実例です。生徒たちが「なぜ、こんな校則があるのかわからない」という校則の改善を求める生徒会総会決議をして学校に交渉しました。すると担当教員は「権利を言う前に義務を果たせ。まず今の校則を全校生徒に守らせてみたら話を聞く」と言いました。生徒会役員たちは毎朝校門に立ち、「今の校則をみんなで守り、要望を聞いてもらいましょう」と呼びかけました。しかし、生徒すべてが守ることはなく、役員たちは「心の中がボロボロになった」と諦めました。こうして自治活動に熱心な生徒たちが「変えること」を諦めていくのです。教員が指導してもできなかったことを生徒にやらせて「義務を果たせ」としたのです。

日本の学校では生徒に「権利の前に義務を果たせ」と言うことが多いのですが、この考えは「子どもの権利条約」で誤りとされています。あらゆる人権と同じく、すべての子どもは権利を無条件に持っているもので、権利は義務や責任を果たした時に報酬として与えられるものではなく、また義務や責任を果たさないからといって剥奪されるものでもないのです。

日本若者協議会のアンケートでも、「児童生徒が声を上げて学校が変わると思いますか？」という生徒への質問に、「そう思う」「どちらかというとそう思う」合わせて32％に対して、「そう思わない」「どちらかというとそう思わない」合わせて68％という結果でした。同じ質問に教員も「そう思わない」「どちらかというとそう思わない」合わせて61％という結果でした。

前出の私のアンケートでは「子どもの権利条約」について「意見表明権」などの内容まで学んだという学生は1〜2割ほどしかいませんでした。こうした学校体験が「参加しても社会や政治は変わらない」という意識をつくっていると考えます。現在の若者たちは「コスパ」という言葉を使います。「コストパフォーマンス」つまり、「費用対効果」のことで、「コスパが高い（いい）」「コスパが低い（悪い）」と使います。学生に聞いたところ、「選挙はコスパが悪いと思うから、若者は行かないと思う」という意見でした。「選挙に行っても政治は変わらない」「社会参加しても社会は変わらない」と思えば、そんな「費用対効果」の悪いことはしない人が多いと言うのです。

また若者言葉に「親ガチャ」という言葉があります。「ガチャ」とは「ガチャガチャ」と呼ばれているカプセル自販機用商品のことです。２０２１年の流行語大賞にもノミネートされた言葉で、現在の格差社会のなかでは生まれた家庭の経済力・文化力によって子どもの学力の発達や学歴はほぼ決まってしまうし、さらに容姿や能力などの遺伝的要因によっても人生が左右され、「子どもは親を選べない」ことを「親ガチャ」と言うのです。第1章で紹介した筑波大学教授の土井隆義さんが指摘する「宿命論にとらわれている若者」のことです。この宿命論からも、自分の参加で社会や政治を良くしていこうという考えは出てきません。私は大学の授業で、「人生は『親ガチャ』で決まっているから、貧しい家庭に生まれたら大学に行けなくても仕方ない。親の責任だ、と思っている人がいるかも知れないが、そうした『宿命論』を欧米の若者の多くはとっていません。ヨーロッパのほとんどの国は大学の授業料は無償で、さらに生活の苦しい学生は返還しなくてよい給付制奨学金も受給できます。つまり、『国ガチャ』といったほうが正しいのです。さらに、政府が授業料有償化方針を出す度に、全国の高校生と大学生が立ち上がり、政府が撤回するまで集会とデモを行ってたたかい無償化を守ってきています。『宿命』という前に、まずたたかって自分たちの権利を守っている若者が世界にいることを知ってほしい」と述べてきました。学生たちは「そんな話は初めて聞いた。親への責任転嫁でなく、まず自分に何ができるか考えていきたい」と発言していました。

子ども・若者が「宿命論」から抜け出して、社会や政治は変えられるという考えを持てるようになるために、欧米の若者たちが「諦《あきら》め」からなぜ変化できたのか考えていきたいと思います。

まず新自由主義によって社会への関心を失っていた世界の若者たちが、どのように立ち上がり、社会活動・政治活動に参加していったか見てみます。

第3章　声を上げる世界の若者たち
――社会を変える先頭に立つ若者たち

新自由主義によって孤立化し、内向きになっていた世界の若者たちが２０１１年から立ち上がり始めました。

(1) スペイン

スペインでは２０１１年５月に、高い失業率の若者たちを中心に首都の広場に国民が集まり２カ月にわたって連日議論を重ねました。このオキュパイ（占拠）運動は全国、そして世界各国にひろがり、９月のニューヨークの運動に波及しました。若者たちの運動は２０１４年の左翼の若者政党ポデモスの結党に繋《つな》がり、ポデモスは選挙で躍進を続け２０１６年には第３党（71議席）になりました。

⑵ アメリカ

アメリカでは、2011年9月に若者たちがウォール街を占拠《せんきょ》して、「1％の超富裕層が99％の国民に経済的・社会的・政治的犠牲を強いている」と主張しました。

① 新自由主義に反対する政治への参加

このオキュパイ・ウォールストリート運動は全国に影響を与え、反オバマ・反民主党運動「ティー・パーティー」の右派政治家による公務員労働者攻撃とたたかい、ウィスコンシンなど4つの州で教員組合などの団体交渉権を剥奪するとした共和党知事たちの法案を葬《ほうむ》り去りました。この若者たちの運動は大統領選で民主的社会主義を掲げる民主党左派のバーニー・サンダース候補（新自由主義反対、最低賃金時給15ドル、大学の授業料無償化などの政策）を押し上げ、2016年のクリントン候補との民主党予備選挙では22州で勝利させました。若者の選挙活動についてはNHKニュースでも報道されましたが、日本のような選挙規制がないので若者たちがローラー作戦で戸別訪問をしていました。活動する若者の人数は1つの州で数万から数十万人に及ぶということでした。その後のクリントン対トランプの大統領戦では、若者の多くが「クリントンは富裕層から政治献金を得ている」として選挙に行かなかったことがクリントンの敗北の一原因と言われています。

２０２０年のバイデン対トランプ戦では、バーニー・サンダースがバイデンへの投票を呼びかけ、多くの若者が投票したことが勝因の1つであると言われています。18歳から29歳の投票率は約50%で、投票先はバイデン62%、トランプ35%でした。２０２２年の中間選挙では民主党の劣勢が予測されていましたが、民主党は善戦し、それは①マイノリティ、②女性、③若者の投票によるものと分析されています。18歳〜29歳の連邦議会の下院議員選挙での投票先は、民主党が68%、共和党が31%と発表されています（米ピュー・リサーチ・センター）。若者たちが支持したサンダース議員らの民主党左派は16人ふえて下院議員は１０３人（下院の24%、民主党下院議員の50%近く）になりました。39歳までの若者の人口は総人口の過半数で政治に大きな影響を与えています。

２０２３年10月7日にイスラム組織ハマスがイスラエルに奇襲攻撃するとイスラエルはガザ地区への国際人道法違反の軍事侵攻を続けてジェノサイド（集団殺害）状態になり、12月13日に国連総会は「人道的な即時停戦を求める決議案」を１５３ヵ国の賛成で採択しました。それに反対したアメリカのバイデン政権に対して若者たちは即時停戦を求めるデモや集会を続けています。12月半ばのニューヨーク・タイムズの国内の世論調査では、18〜29歳の若者は72%がバイデン政権の対応は「悪い」と答えて、軍事作戦の中止を求め、支持率も急落しています。

アメリカでは、若者中心にアマゾン、スターバックスで続々と労働組合が結成されていて、ストライキが続いています（2023年11月200店舗）。アマゾンはアメリカ国内で110万人もの労働者を雇用していますが労働組合結成を認めず、物流倉庫でトイレに行く時間もないほどの劣悪な労働条件への抗議活動をした従業員の若者クリスチャン・スモールズさんを解雇しました。スモールズさんはニューヨーク市にある8000人が働く物流拠点で「アマゾン労働組合」を2022年4月に最初に結成しました。会社からの妨害のなかで、労組結成投票で賛成が反対を上回りました。アメリカで労組を結成するにはまず従業員の30％以上の署名を集めて連邦政府機関の全米労働関係委員会（NLRB）に提出し、NLRBが職場で選挙を実施して過半数の賛成が必要で、それまでアラバマ州などで労組結成に取り組みましたが、NLRBも指摘するように会社は労組妨害の専門家を雇って妨害しているのです。

大学院生の組合運動も全米に拡大していて、コロンビア大学ではティーチング・アシスタントとして働いている大学院生たちが10週間にわたってストライキを実施して賃金アップと医療保険の拡大を勝ち取りました。また、IT労組、メディア労組、レストラン労組の結成とストライキが拡大しています。全米俳優組合（16万人）が労働条件やAIの使用に関する保護措置などを求めたストライキは118日間にわたり、2023年11月に合意されました。教職員組合のストライキも広がっています。2023年に全米でストライキに参加した労働者は10月末までに49万2000人で、2021年の8倍になっています（コーネル大学産業労働関係スクール調査）。こうした労働組合の活動に対する国民世論は支持が71％となっています（ギャラップ社2022

年9月の発表)。世代的にはZ世代(1996年〜2015年生まれ)の支持率が最も高くなっています。

②環境保護と雇用創出の運動――「サンライズ・ムーブメント」

2015年には「サンライズ・ムーブメント」という環境運動が10代の2人によって立ち上げられて若者の間に広がり、「グリーン・ニューディール」という強力な気候変動対策を通じた雇用創出運動を展開しました。「化石燃料産業の資金を受け取らない」と約束した候補者を支持する運動で民主党のオカシオコルテス氏(29歳)を当選させ、議員とともに「グリーン・ニューディール法案」実現に向けた「気候危機特別委員会」を下院に設置することを求め、十分ではありませんでしたが実現しました。「サンライズ・ムーブメント」を含む600を超える団体が「グリーン・ニューディール」実現のため、2035年までに全電力を再生エネルギーとし、2040年までに化石燃料を全廃する立法を求めています。

③黒人差別反対運動――「ブラック・ライヴズ・マター」運動

2013年から始まり、2020年5月にアフリカ系アメリカ人のジョージ・フロイドさんが白人警官によって首を圧迫されて死亡した事件から全米を越えて世界に広がった「ブラック・ライヴズ・マター」(黒人の命は大事だ)運動は、アメリカ本土で若者の参加が目立ちましたが、

ＳＮＳのプラットフォームを活用して世界中の若者にも運動は広がりました。

④ 高校生の呼びかけた銃規制運動

アメリカでは銃乱射事件が多発していますが、学校内における銃乱射事件も続いていて、平均すると毎週1・4件発生しており、今までに２００人近くが死亡しています。２０１８年2月のフロリダ州のマージョリー・ストーンマン・ダグラス高校での銃乱射事件（17人が死亡）のあと、トランプ大統領は「教師に授業中銃を携帯させる。携帯する教師にはボーナスをアップする。携帯させた学校には交付金を増やす」という政策を発表しました。この政策に対して高校生が立ち上がり、３月14日には全米で３０００校の高校生が授業を中断して黙とうし、銃規制を求めるデモを行い、さらに3月24日には高校生が大人にも呼びかけた「命のための行進」にワシントンで80万人、全米では１００万人が参加しました。

すべての学校の玄関にある銃持ち込み防止の金属探知機

こうした運動に対してバイデン大統領は２０２1年4月8日に「銃規制を始める」と発表し、

「ゴーストガン」（家庭用組み立てキットの銃）禁止、銃乱射で多く使われる高性能ライフル（アサルト武器）や大容量弾倉の販売禁止などから始めるとしました。

マージョリー・ストーンマン・ダグラス高校で生存した若者たちは銃規制強化を求める団体「自分たちの命のための行進（ＭＦＯＬ）」を立ち上げて活動を続け、２０２２年６月11日には５月24日に起きたテキサス州のロブ小学校での銃乱射事件（子ども19人と教師２人が死亡）を受けて「命のための行進」を呼びかけて全米４５０ヵ所で集会とデモが行われました。

こうした運動によって、２０２２年６月21日に民主党、共和党の超党派の議員による上院議会に提出した銃規制法案が可決され、バイデン大統領は25日に法案に署名して28年ぶりに連邦国家全体での銃規制法の改正となりました。共和党は全米ライフル協会が強固な支持団体であり、銃規制に一貫して反対してきましたが、相次ぐ銃乱射事件と運動の高まりを受けて多くの議員が方針転換を表明して法案成立に至りました。規制であって禁止には程遠いのですが、国内に人口以上の３億９千万丁以上の

高校生による銃規制を求めるデモ（生徒作成の学校新聞より）

銃があるとされ、毎年約2万人が銃による事件で死亡しているアメリカでは大きな一歩となりました。

(3) イギリス

イギリスでは、政権をとった労働党のトニー・ブレア首相以降の新自由主義支持政策を転換し、「反新自由主義・企業への増税と富の再配分・医療サービスの予算化・大学の学費無償化・核兵器廃絶」などを掲げた民主社会主義者のジェレミー・コービンが２０１５年に労働党党首に選ばれました。ブレアの政権時代に労働党党員は40万人から18万人弱まで激減していましたが、党首選挙でコービンに投票するために若者や労働者が続々と労働党に入党して党員数は3倍に増えました。２０１７年総選挙では30議席増の躍進、保守党を上回る支持率に若者が貢献しました。また、２０１６年のＥＵ離脱国民投票に対して、65歳以上の60％が「賛成」したのに対し、18歳から24歳の若者の70％が「残留」と投票し、運動しました。

イギリスでは福祉国家から新自由主義国家に転換されてから若者の選挙での投票率は低下していき、18歳～24歳の投票率は２００１年に40・4％、２００５年に38・2％まで低下しました。危機感をもった政府は２００２年からシティズンシップ（民主主義的な市民を育成する）教育を中等教育（11歳～16歳）で必修化して、その後２０１７年には64・7％まで回復しました。

朝日新聞は2020年3月7日に「米・英で社会主義　共鳴する若者」と報道しましたが、その内容は、アメリカの若者は「住む国を選ぶなら？」の質問に「社会主義国」と答えた若者が44％で「資本主義国」の42％を上回り、イギリス国民も「社会主義政府ができたとしたらどうなる？」との質問に「より生活しやすくなる」が43％で、「生活しにくくなる」の36％を上回りました（ともに世界的に著名な調査会社ユーガブによる2017年の調査）。この「社会主義」というのはソビエトや中国のようなものではなく、アメリカのバーニー・サンダースやイギリスのジェレミー・コービンが主張している民主主義的社会主義のことです。新自由主義による福祉と生活の破壊はアメリカの若者やイギリスの国民の意識をここまで変化させているのです。

(4) フランス

フランスではデモやストライキは市民の権利として参加していない国民も応援しますが、高校生も大人同様の集会やデモを続けてきました。代表的なものをあげます。

2005年には政府の高校改革（バカロレア改革）反対に教師とともに高校生が立ち上がり、10万人規模のデモを続けてフランス全土に広がり、約150市で行われたデモに20万人近い生徒が参加して法案の白紙撤回を迫り、フィヨン教育大臣は改革案を引っ込めて、2005年5月31日付けで教育大臣のポストを降りました。

２００８年には、教員数削減に反対する全国の高校生たちがパリを中心にデモを繰り返し、毎回参加数が増えていきました。４月15日には５万人の規模にまで発展しました。フランスの高校は、普通高校で１クラス定員28名、技術系高校で19名ですが、教員数削減によって１クラスあたりの生徒数が増えることにより、教育環境のレベルの低下が懸念され、従って授業内容の劣化が懸念されるというのが高校生たちの主張でした。

２０１０年には年金改革に反対して、全国４１０２校の高校のうち１１００校の生徒がデモに参加し、うち７００校ほどで生徒が学校に交渉して休校にしてデモに参加しました。２０１６年には政府の労働法改悪反対運動が全国で３ヵ月続きましたが、１７６校の高校が休校になりデモに参加し、全国高校生団体（全国組織は３つある）と全国大学生団体が首相と懇談し、首相は就職活動中の若者のための援助を法案に盛り込むことを約束しました（中島さおり２０１６）。２０２３年には政府の年金改悪に対して２００万人規模のデモとストライキが続きましたが、大学生の２団体と高校生の３団体が参加しました。団体は全国組織のユニオン（組合）で、欧米では子どもも子どもの権利条約で保障された「集会・結社の自由」が確保されています。任意の加盟で年会費は安く、全国の高校生、大学生が加盟して自分たちの要求を提出し教育大臣と交渉しています。

⑸ グレタさんから世界に広がった気候変動防止運動

2018年にスウェーデンの高校生グレタ・トゥーンベリさんの呼びかけた気候変動防止対策を求める「将来のための金曜日」行動が欧米各国の高校生、大学生、若者に広がり、ずっと続いています。2019年にグレタさんが国連に行った時の行動では、9月20日と27日の2日間で若者中心に世界185ヵ国、6100ヵ所で、参加者は700万人を超えました。この両日は金曜日でしたから高校生、大学生は学校を休んで参加しました。9月20日にはニューヨークだけで30万人が参加し、市は高校生が授業をボイコットして参加することを許可しました。

⑹ 韓国

韓国では、朴槿恵《パククネ》大統領の退陣を求めるろうそく集会が、2016年11月12日は100万人の参加、27日は150万人の参加、12月4日は232万人の参加で行われました。運動は大学生が中心的に活動を続け、参加者は一部の大学でなく、梨花《イファ》女子大なども含めすべての大学から参加しました。私は国会で弾劾が成立した翌日の2016年12月10日にプルム農業高校調査のあと、この集会に参加しましたが、多くの若者とともに若い夫婦が子どもを連れて参加していて、聞くと「この歴史の瞬間を子どもに見せたい」と話していました。家庭における主権者教育です。韓国の若者たちのSNSによる選挙運動への参加度の高さはよく知られていて、選挙の結果に大きな影響を及ぼすとされています。恵泉女学園大学の李泳采《イヨンチェ》さんによると、朴槿恵大統領弾劾の1年前の2016年4月の総選挙では20代と30代の若者が大挙して選挙に参加し、メディアの予想を覆す「与党惨敗、野党大勝利」をもたらし、さらに弾劾後の大統領選挙では当選した文在寅《ムンジュイン》候補を若者が圧倒的に支持したということです。

(7) 台湾

台湾では、2014年3月18日に学生たちが政府の中国との自由(サービス)貿易協定批准に反対して立法院(国会)を占拠し(ひまわり学生運動)、50万人の国会周辺デモになり、その後国民党の馬《マー》政権は統一地方選で大敗、2016年の国政選挙でも大敗し、政権交代に大きな影響を与えました。

(8) 香港

香港では、2014年9月から12月にかけて学生たちは、中国政府に対して民主的な選挙制度を求めた座り込みデモ（雨傘運動）を行い、そして、２０１６年９月の香港議会選挙では「本土派」を結成して民主派とともに重要議案を否決できる３分の１を超える議席を確保しました。30校の高校に「独立」をめざすサークルもできていました。拘束した容疑者を中国本土に引き渡せるようにする「逃亡犯条例」改正案に反対するデモは２０１９年６月９日の１０３万人デモ以来続き、６月16日には２００万人（人口７５０万人）にも及ぶ規模となり、若者たちを中心に自由と民主主義を守る運動を続けました。しかし、中国政府はデモ参加者を逮捕して実刑判決を下し、弾圧で運動をつぶしてしまいました。

２０１１年から始まった世界の若者たちの運動は「非暴力のたたかい」で、それはガンディーからキング牧師、そして『独裁体制から民主主義へ』（ちくま学芸文庫）や『非暴力行動の政治学』（邦訳は『非暴力を実践するために——権力と闘う戦略』彩流社）の著者ジーン・シャープなどの「非暴力によるたたかい」から学んだものです。

第4章　世界の主権者教育・政治教育

現在、世界のミレニアル世代（1980年から1995年生まれ）とZ世代（1996年から2015年生まれ）は「ジェネレーション・レフト（左派世代）」（キア・ミルバーン2021）と呼ばれていて、新自由主義に反対する運動（全世界）、気候変動防止の「未来のための金曜日」運動（全世界）、「サンライズ・ムーブメント」運動（全米。雇用や気候変動に対して）、「ブラック・ライヴズ・マター」運動（全米）、「Me Too」運動（全世界）、「銃規制」運動（全米）、EU離脱反対運動（イギリス）などの運動の先頭に立って活動しています。

国連のアントニオ・グテーレス事務総長は2018年9月24日に、若者たちが「技術変革や気候変動対策、包摂性、社会的正義を推し進めている」とし、NHKBS1スペシャル「2030未来の分岐点」第1回（2021年1月）でも、「世界の若者たちが社会変革を担う時代を迎えている」と報道しました。

日本の若者が新自由主義によって内閉化・政治離れしているのに対して、世界の若者は持続可能な世界をめざして様々な活動の先頭に立っています。なぜ同じ新自由主義の下で、そうした主権者意識をもち主体的な運動ができるのか、その原因は主権者教育、シティズンシップ教育、政治教育の違いにあると考えます。

新自由主義が世界を席巻して、若者を内閉化し、政治離れをすすめたことに対して各国の政府は危機感を持って主権者意識を向上すべくシティズンシップ（民主主義的な市民を育てる）教育に力を入れました。そのシティズンシップ教育は、大別すると2つあり、1つは子どもを学校づくりや地域づくりの主体にして民主主義体験を通して主権者・市民に育てていくもの、もう1つは社会科・公民科を中心に政治教育によって民主主義的な主権者・市民に育てていくものです。なぜこの2つの教育が必要かというと、民主主義的主権者になるための学習は知識と体験が必要で、体験によって「知」が「生きる力」になるからです。これらの教育は欧米では長く続けられてきましたが、新自由主義による若者の変化に対して、より一層それらの教育が推進されていきました。そこには教員組合の努力もありました。

1、学校運営への生徒参加による主権者教育

1968年に世界の若者はベトナム戦争反対と国内の教育改革などを求めて立ち上がりました。その教育改革要求に対して、ヨーロッパでは子どもたちの学校運営や教育行政への参加を制

度化し、また政治活動の権利を認めました。

それでは、学校運営への参加によって子どもの権利意識を育てる世界の主権者教育はどのように行われてきたのでしょうか。

① フランス

フランスでは、1968年の若者たちの運動「五月革命」に対して、政府は中学生から大学生まで生徒の意見表明権と学校運営への決定権をもった参加、政治的権利（集会・結社の自由）と行政への参加（日本でいえば、市町村・県段階の教育行政への委員としての参加、国の中央教育審議会にも高校生代表4名が参加している）を認めました。

しかし、1990年には、学校は生徒の権利をきちんと保障していないとして高校生による全国集会・デモが繰り広げられ、政府は高校生たちが要求した学校への予算増額（900億円）を決定し、そして完全な権利保障を学校に実施させました。以後、高校生による全国各地の集会が開かれ、要求を全国代表が教育大臣に提出し、教員増、教育予算増を勝ち取っています。また、国立大学の授業料有償化提案には全国的な高校生・大学生によるデモが行われて阻止してきて、現在も学費は無償で、登録料の2万5千円しかかかりません。

フランスの学校運営への生徒参加は、学校運営について話し合う日本の職員会議に当たる「学校管理評議会」に生徒代表（中学3名、高校5名）と父母代表（中学7名、高校5名）と教職員代表（10名）と住民・市町村代表（4名）と校長・副校長などの合計30名で構成され、生徒代表と父母代表は選挙で選ばれます。学期ごとに年3回行われ、学校予算、学校教育計画、校則の改廃などについて決定し、生徒を含む構成員すべてによる採決（秘密投票）で決定されます。行事や選択科目、教科書、登下校時間などについては『同意』事項や「意見を出せる」事項になっています。

生徒代表はさらに、問題行動を起こした生徒の指導を決める「懲戒評議会」、クラス単位に行われる「成績会議」にも正式参加します。また、学校内の「高校生活のための評議会」（生徒10名、教職員6名、父母2名）で学校生活に関する問題についての話し合いを行い、それが行政レベルの「高校生活のための大学区評議会（生徒代表20名）につながり、さらに国レベルの「高校生活のための中央評議会」につながり、また国の教育計画を議論する「中央教育審議会」に4名の高校生代表が参加しています。

このように、生徒はクラス、学年、学校の運営に各代表が参加し、また学区から国までの各行政段階の教育行政に各代表が参加して、その参加民主主義を通じてフランス共和制の市民・国民を育成しています。（大津尚志２０２３）

② ドイツ

ドイツでも、１９７３年に「学校における生徒の位置づけについて」を常設文部大臣会議で決議して、各州が「学校参加法」を定め、小学5年生から学校の最高決議機関である「学校会議」

に生徒代表を出して学校運営をしていくようにしました。

③ アメリカ・シカゴ

アメリカのシカゴでは生徒参加制度の調査を2019年に高等学校4校で実施しました。シカゴでは、学校改革法（1989年）によりすべての公立学校に学校評議会を設置し、保護者6人、住民2人、教職員3人、生徒1人の参加で、校長選考、校長の評定、学校改善計画の承認、学校予算の承認などを行っています。また、学校評議会とは別に細かな要求を生徒たちが要求運動をして実現できる「Student Voice Committee（生徒の声委員会）」という学校運営への参加制度があり、90校中75校（8割）の高校が実施しているということでした。

また、アメリカでは「サービス・ラーニング」という、子どもを地域づくりなどの社会参加をさせて市民に育てていくというシティズンシップ教育を続けていますが、この地域活動は公民科などの授業と結び付けて行われています。（古田雄一2023）

シカゴの学校での取り組みはこのあとで詳しく報告します。

④ 韓国

韓国の学校運営は教育基本法で定められていて、教員代表と保護者代表と地域住民代表による「学校運営委員会」で行われています。これは日本の「学校運営協議会」とは異なり、学校運営のほとんどをここで日本の職員会議のように決めていきます。私もその学校運営委員会を京畿道《キョンギドウ》富川《プチョン》市とソンゴク中学校で傍聴し、その後、学校長に聞き取りをしましたが「保護者の参加はもう20年ちかい歴史があり、当然のことです」と言っていました。しかし、生徒の学校運営参加はヨーロッパのようには制度化されていません。

韓国では苛烈な学歴競争があり受験偏重の教育が有名ですが、そうした教育に対するオルタナティブスクールとして「代案学校」と「革新学校」という子どもの主体性を重んじる教育が広がっていて、補助金を出しているソウル市を中心に700校以上あるとされています。私は「代案学校」である住民によるまちづくりで有名なソンミサンマウル学校を見学しました。ちょうど、子どもたちが学校のルールや行事の中身を決める7年生から12年生による「子ども自治会」(ファミリーミーティング)が開かれていて見ることができました。すべて子どもの議長によって話し合いがすすめられ、通学のマナーについて話し合っていました。

同じくオルタナティブスクールで有名なプルム農業技術高等学校も見学しましたが、ここでも「子ども自治会」と学校協同組合が行われていて、その自治を身に付けた卒業生たちが学校のある村に有機農業による農民組合や生協(生協病院も)をつくり自治の村にしています。

日本では貧困家庭の子どもの学習支援をしている「無料塾」が広がっていますが、韓国では1980年代から地域住民が貧困層の子どもの放課後の学習支援を行う「コンブバン(勉強部屋)」をつくってきて、2004年には国民の要求で「児童福祉法」に基づき、18歳未満の子どもに無料で夕食の提供・学習支援・生活相談を行う「地域児童センター」が制度化されて、全額国の補助金によって全国４０００ヵ所で約11万人の子どもを受け入れています。私はソウル市内にある「ハッピーゾーン」と「ヘソン地域児童センター」を２０１４年に見学しました。子どもたちは毎日放課後から夜９時まで、ここで学習や音楽やダンスなどをして過ごしています。その運営はやはり「子ども自治会」によってすべて行われています。小学生たちは外の遊び場が欲しいと「公園」プロジェクトをつくり、ソウル市に陳情して公園建設が実現しました。高校生たちは防音設備のついた音楽施設が欲しいとプラカードに書いて街頭に立ち要求運動を続け、地域住民がつくってくれました。また、住民が選挙で選ぶ公選制の教育監（教育長）選挙の時には、子どもたちの要求を実現すると約束した候補への投票を呼びかける選挙運動を街頭で行っています。こうした参加による自治活動と高校生の政治活動が、若者のあの朴槿恵大統領の退陣と弾劾を求める「ろうそく集会」への参加や政治に参加できる主権者としての力をつくり出しています。

⑤ ニュージーランド

制度化された学校運営への生徒参加は欧米諸国だけでなく、オーストラリア、ニュージーランド、カナダなどでも実施されていて、主権者教育、シティズンシップ（市民性）教育の中心になっています。

ニュージーランドでは、１９８９年の「教育法」制定で、教育行政機構を地方分権化して教育委員会を廃止し、学校には「学校理事会」が設置されました。学校理事会は校長と生徒（中学以上）・保護者・教職員・地域住民の代表によって構成され、学校の運営をしています。生徒代表は1年ごと、保護者と教職員代表は3年ごとに選挙で交代します。学校理事の研修は学校理事協会が行い、協会作成の「生徒理事ハンドブック」には「生徒理事は他の理事と対等に各種委員会のメンバーに加わることができます」「生徒理事も校長を雇用する側のひとりです。しかし、日常的には彼女／彼は生徒であり、学校の規則に従って行動することが求められています」と記載されています。さらに、2020年の新たな「教育法」では、学校理事会の役割が子どもの権利の実現とされ、「意見表明の権利」は「無視されない権利（応答を求める権利）」としてより明確に位置づけられました。学校理事会の代表者には先住民族のマオリ族の定数が定められていて参加しています。（荒井文昭2023）

2、行動する市民を育てる政治教育

①日本の政治教育

a．活発だった高校生の政治活動と文部省による規制・禁止

現在の日本の若者の選挙や社会問題への参加が著しく低いことをもって、日本の若者は欧米の若者と異なり、もともと社会的関心が低く、主権者意識の向上など不可能だと思っている人がい

ます。しかし、これは戦後の若者の運動を理解していないことからきています。戦後の高校生の活動とそれが規制されてきた経過を見てみます。以下は、拙著『高校生の参加と共同による主権者教育——生徒会活動・部活動・地域活動でシティズンシップを』のなかの「戦後日本の高校生の政治活動と文部省の禁止政策」からの引用です。

戦後日本では、文部省は「生徒自治」は認めなかったものの「生徒参加」を奨励し、各県の「進学校」を中心に生徒会の学校運営への参加が行われました。また１９５０年代になると、１９５１年に全日本高校生協議会が結成されて11の都道府県に地方組織もできていき、特に１９５３年には京都に生徒会連絡協議会ができ、１９５４年には高知県の生徒会連合がすべての県立高校生徒会の加盟で結成され大きな運動を展開しました。

高知県では高校生が平和問題、教育問題などに取り組み、授業料値上げ反対運動では知事・県教委との交渉で成果を得るなど教育行政に参加しました。つまり、高校生の教育行政への参加を教育委員会は認めていたのです。勤務評定制度が導入され、１９５９年に勤務評定を提出しなかった11名の校長を県教委が処分すると、処分撤回を求めて高校生数千人が抗議行動をしました。また、１９６０年の日米安全保障条約改定に反対する「60年安保闘争」では全国各地で高校生も集会やデモに大量に参加しました。

こうした高校生の運動に対して、１９６０年６月の新安保成立の翌日の20日に、全国高校校長協会は高校生のデモ禁止の声明を出しました。また文部省は同年12月27日に「高等学校生徒会の連合的な組織について」という通達を出し、「生徒会の全国的または地域的な連合組織などを結成したり、それに参加することは、教育上好ましくない」として、「適切な指導」を各高校に求めました。高知県教委も１９６２年に文部省と同じ内容の通達を各校に出し、翌年に高知の生徒会連合は約10年の活動を閉じました。（宮下２０１６）

主権者教育にとって「政治教育」（教育基本法14条で定めている）は中心的な教育ですが、欧米各国とは逆に、日本の文部省は１９６９年に全国の高校に通知を出して、「高校生の政治活動禁止と政治教育の規制」を行い、欧米とは真逆の教育政策を断行しました。これは、大学生の過激派セクトの影響を受けた一部の高校生による過激な行動を口実にしたもので、教師の政治教育（47年教育基本法第８条、現教育基本法第14条）を規制し、高校生の政治的権利を奪うものでした。

１９６０年代の高校生の政治的活動は、a．主に学校運営の民主主義的改善と生徒の権利を求めたものと、b．「ベトナム戦争反対」などの政治的要求を求めるものとがありました。この前者aは全国的に生徒会が学校に対して要求したもので、平和的な運動が多かったのです。前者aにもありましたが、特に後者bについては一部の高校で全共闘メンバーなどによる校舎の封鎖などの行動もあり警察官の導入もありました。「69年通知」の「高校生の政治活動禁止」はこの「暴力的な活動」ばかりでなく、「平和的な活動」まで禁止するものでした。愛知大学法学部助教の宇野由紀子さんは名古屋大学の大学院生の時に「69年通知」が学校現場にどのような強制力をもたらしたか研究し、「69年通知」を受けてその方針に沿う都道府県通知が出されて、a．平素の生徒指導の徹底と教員統制の強化を図るとされ、b．生徒会活動など生徒の自主的な活動に対する指導が強化され、c．学校・家庭・警察などとの「連携強化」によって活動がより規制された（宇野由紀子2017）と分析しています。

「69年通知」後に京都、大阪、群馬などの生徒会連絡協議会は消滅しました。さらに、学校内の授業やホームルームや部活動、文化祭で政治的な問題を扱うことに消極的になり、全国的に生徒会の自治的活動、社会問題を考える社研部や新聞部の活動も衰退していきました。高校生の自主活動である各県の「サマーキャンプ」や「討論集会」「高校生集会」なども規制などがあり減少していきました。その後、政治に関わる活動としては「高校生平和ゼミナール」による「全国高校生平和集会」（1974年から毎年、広島、長崎で開催）や戦争反対のデモ活動の他にはほとんどなくなりました。

b．日本国民は「政治的教養の貧困な有権者」

こうして2015年に文科省が「69年通知」を廃止するまでの46年間、日本では政治教育と高校生の政治活動の空白期が生まれ、その間に育った現在70歳未満の多くの国民はまともな政治教育を受けられず、政治活動も知らないままに、「政治を知らない」未熟な主権者として育ったのです。

公職選挙法改正で18歳選挙権実施が決まり、文科省は2015年10月29日に「高等学校等における政治的教養の教育と高等学校等の生徒による政治的活動等について」を都道府県教育委員会に出し、「69年通知」を廃止しました。この通知が出される前の同年9月30日に全国高等学校ＰＴＡ連合会（会長佐野元彦）は文科省に「18歳選挙権年齢引き下げに関する意見」を提出しました。そのなかで、「69年通知（通達）」について次のように指摘しました。「通達以降、主権者教育は後退の一途をたどった。行政も学校・教員も政治的中立性を意識するあまり、学校における政治的教養の陶冶《とうや》という優先的課題を事実上封印してしまった。（中略）この結果、日本国民の多くは現在まで半世紀近くにわたって、政治的教養の基礎となる一部の限定的な知識を習得するだけで有権者となってきたのであり、いわば政治的教養の貧困な有権者が大量に生み出されてきたのである。この歴史こそが「民主主義の危機」と喧伝《けんでん》される今日の状況をもたらした主因ではないだろうか。（中略）生徒も教員も自身の政治的行動は勿論、政治的信条を表出することには極めて抑制的であり、その点では学校に政治的な文化風土そのものが存在しないともいえる。また一部を除いて学校にも教員一般にも『政治的教養の陶冶』という視点自体が欠落している。」

このように「69年通知」によって1969年以降、学校教育から「政治的教養の陶冶」が消え、政治的教養の貧困な有権者が大量に生み出されてきた結果、今日の「民主主義の危機」という状況をもたらしたとしています。この「今日の民主主義の危機」とは、この意見書が提出される2ヵ月前に政府が衆議院本会議で、9割以上の法学者や国民の多くの反対世論を無視して、それまでの政府が否定していた集団的自衛権を使えるようにした「安全保障関連法」を強行採決したことを指しています。また、そうした国民の声を無視して実質改憲ともいえる安全保障の改定を強行する政権に対して国会前に集まり行動したのはシニア（高齢者）世代が多く、70歳以下の世代は少なかったことからも「政治教育の空白期」に育った世代へのマイナスの影響がわかります。SEALDsの活動はメディアで報道されましたが、若者のなかでは少数派で、しかも若者たちのSEALDsに対する評価は低く、若者の安倍政権の安保法制強行時の支持率は6割と変わらなかったのです。

c.「独立していない国・日本」と言われて

「政治的教養の貧困な有権者」とは言葉を変えて言うと「未熟な主権者」であるということです。私がそのことを感じたのは、原水爆禁止世界大会にフィリピン代表の1人として参加した弁護士の言葉でした。この弁護士は日本とフィリピンの安全保障体制についても研究している人で、彼は私に「なぜ日本国民は独立を求めないのですか？ 私たちはアジアで独立していない最後の国は日本だと思っています」と質問したので、「なぜですか」と聞きました。すると「フィリピンでは国民も国会も大論争をして、1991年の国会でアメリカがフィリピンに置いていたすべての米軍基地存続の条約承認を拒否する決議をして、極東最大のクラーク基地とスービック海軍基地の撤去を決めました。フィリピンの国会議員は富裕層出身でアメリカの大学に留学していた人が多く親米派ですが、フィリピンの独立のために他国の軍事基地撤去を求めたのです。日本では首都の東京に他国の広大な軍事基地が置かれていて、首都圏の関東の空は米軍が管制権をもっていて日本の旅客機もその管制に従わないと飛行できないというではないですか。そんな国はもう世界にはなく、国際的にはそうした状態は独立国と見なされないのです」と言われたのです。

私は関東の空が米軍の横田空域にされていることは知っていましたが、そんな状態では独立国ではないと言われて「アジアの人たちからそう見られているんだ」と初めて認識したのです。国の独立を求めるということは左派とか右派とかの考えを超えて主権国家の主権者であれば最も大事なことです。私も含め日本人の多くは、他国に従属している状態の国の姿に疑問を抱かない未熟な主権者なのだと痛感したのです。

関東の空は米軍の横田空域(国土交通省航空局資料より)

この痛切な指摘が心に残り、私はそのフィリピンの国会決議の経過について書かれた本『こうして米軍基地は撤去された！ フィリピンの選択』(松宮敏樹、新日本出版社)を読み、2001年3月にフィリピンに渡り、クラーク基地跡とスービック基地跡がどうなっているか現地調査しました。2つの基地跡は巨大な工場地帯・商業地帯となり、アメリカ、台湾、日本の企業の大きな工場が立ち並んでいました。地元の高齢の婦人に聞くと、「以前は仕事のなかった子どもたちが工場に就職でき働いています。また仕事のない娘たちが基地周辺にあった売春地帯で働いていたが、それがなくなって本当によかった」と答えてくれました。スービック基地だけでも基地がなくなり仕事を失った基地労働者は3万5千人ですが、現在はその約3・6倍の12万6千人の雇用が、クラーク基地跡では約14万人の雇用が生まれているとのことです。これは沖縄の米軍基地問題を考えるのに大変参考になるデータです。松宮敏樹氏によると現在、中国の覇権主義的な行動が問題になっていますが、フィリピンはアメリカとの相互防衛条約は結んでいて、中国の領有権主張に対しては国際海洋法条約による仲裁裁判所への提訴で勝利し、またASEAN（東南アジア諸国連合）とともに外交による紛争解決の道を続けているということです。

「国の首都に他国の広大な軍事基地が置かれている国は日本しかない。それは独立状態ではない」と言われたことも心に残っていて、韓国はどうだろうと、韓国の学校調査をした折に首都ソウルにある米軍基地を見に行きました。その基地は繁華街の梨泰院《イテウォン》の近くにある戦争記念館（朝鮮戦争の展示）のすぐ横にありましたが、小さなオフィスがあるだけでした。

d. 日本の政治教育に求められているもの

日本では「69年通知」時期に育った現在70歳以下の教師も政治教育をきちんと受けておらず、

「69年通知」が廃止されたといっても欧米のような政治教育は実施されていません。民主主義教育・主権者教育を実践・研究テーマにして取り組んでいる全国民主主義教育研究会（全民研）という民間教育研究団体の教師のみなさんなどは積極的な政治教育を実践していますが、そうした教師は日本全体では少数です。

これは、自らが政治教育を受けてこなかったために授業方法がよくわからないことがあると思います。総務省がつくった「常時啓発事業のあり方等研究会」（放送大学の宮本みち子教授、東京大学の小玉重夫教授などの委員）が2011年に発表した「社会に参加し、自ら考え、自ら判断する主権者を目指して～新たなステージ『主権者教育』へ～」という主権者教育についての報告書では、若者の投票率の低さの原因には学校教育があるとして、教育基本法第14条第1項で、「良識ある公民として必要な政治的教養は、教育上尊重されなければならない」とされているにもかかわらず、「学校の政治教育には過度の抑制が働き、十分に行われてこなかった」ので、「我が国の学校教育においては、政治や選挙の仕組みは教えるものの、政治的・社会的に対立する問題を取り上げ、政治的判断を訓練することを避けてきた」として、政治的リテラシーを身につけていけるような主権者教育である「社会参加に必要な知識、技能、価値観を習得させる教育の中心である、市民と政治の関わりを教えること」「社会に参加し、自ら考え、自ら判断する主権者を育てる教育」を提起しています。

そうした点で、次に世界の政治教育を紹介していきますが、教師のみなさんには参考にしていただきたいです。また欧米のような現実問題を取り上げる政治教育がすすまない原因として、積極的に現実の政治事象を取り上げて政治教育をした教師の授業が「偏向教育」だと県議会などで攻撃されたことによる不安や危惧によるものもあると思われます。しかし、そうした攻撃は２０１６年以降には起きていません。

それでは世界の政治教育はどのように展開されているのでしょうか。

② 北欧の政治教育

欧米では実際の選挙に合わせて子どもたちの模擬投票が実施されています。日本で実施されている模擬投票はほとんどが架空の政党、架空の政策で行われていますが、欧米では生徒が実際の政党の政策を調べ学習して、また各政党の議員を学校に呼んで政策を聞き、実際の政党に投票します。ここでは、北欧諸国の取り組みについて見てみます。

国連の「世界幸福度ランキング２０２３」（日本は47位）で、１位フィンランド、２位デンマーク、４位アイスランド、６位スウェーデン、７位ノルウェー。「ジェンダーギャップ指数」（日本１２５位）でも、「世界報道自由度ランキング」（日本68位）でも、その他の指標でも上位を占める北欧諸国はどうやってそれらを達成しているのでしょうか。それは国民の政治参加によるもので、それには10代からの政治と選挙の学習と参加があるのです。

例えば、スウェーデンでは国の「教育法」で教育の目的を「人権の尊重と民主主義の価値を伝え、根付かせる」ことと定めています。「若者・市民社会庁」の教師向け副教材『政治について話そう！』では「学校は価値が中立となることはなく、民主主義の価値が侵害されることがあっては決してなりません」と断言していて、「教育の中立性」で教師の教育の自由を縛っている日本の文科省とは対照的です。そして、高等裁判所、国会オンブズマン、行政オンブズマンは「学校において政治的な活動を制限する特別な規定はない」という基本方針を定めています。

政治教育では、①全国の中学・高校で、政治についての事前学習をして、実際の選挙の前に学校に各政党の政治家を呼んで政策を発表してもらい、生徒たちが質問し、討論します。②生徒たちが模擬投票し、その結果を全国学校選挙事務局（全国生徒組合が担当）に報告します。③全国の生徒の各政党投票数を実際の選挙の投票時間が終了した時点で発表し、ニュースなどで公表されます。２０１４年は全国の中学・高校生約46万６０００人（１６２９校）が模擬投票し、２０１８年には約49万人が投票しています。この学校選挙にかかる費用は政府が１回あたり６０００万円を出し、生徒組合は３６００万円を独自に使えるのです。２０１８年の投票結果は勝利した社会民主労働者党（福祉国家主義と社会民主主義を掲げる中道左派政党）への投票が生徒も多く、また生徒の投票で大人と比べて多かったのは環境みどりの党でした。

「生徒組合」について見てみます。「生徒組合」は子どもの権利条約の「結社・集会の自由」で保障されているもので、欧米のすべての国にあり、活動しています。スウェーデンでは、全国の高校の半数以上の３４８校にあり、12万人以上の生徒が加入しています。目的は「生徒の権利を守ること」で、「権利基盤の強化、不当な成績を訴える権利の活用、学校環境の改善」が目標です。年間予算は約3億5600万円で、うち88%は政府からの助成金で、事務所を借りて本部事務所では45人の常勤スタッフが働いています。スタッフは平均22歳で、ほとんどが高校の元生徒組合の長で、数年事務所で働き、大半が大学へ進学します。助成金は各高校の生徒組合にも配分され活動費になります。大学・専門学校には全国学生組合があり、48学校の約34万人が加入して活動しています。（両角達平2021）

ノルウェーでは、「学校選挙」とともに、「子ども選挙」（10〜15歳の小中学生）も実施されていて、授業で事前学習を行います。12歳から政党青年部に入ることができ、15歳からは保護者の承認なしに政党に入ることができます。18歳から被選挙権があり、高校生や大学生の議員もいます。政党は青年部の総会に介入せず、むしろ、青年部が政党の政策に与える影響が強いとのことです。オスロの国会前には毎週金曜日の気候変動防止デモで若者・子どもたちが手製のプラカードを持って集まるということです。

こうした政治教育が若者も選挙に8割以上参加する主権者国家をつくり、国民が新自由主義を拒否して福祉国家と国民の幸福を維持しているのです。（あぶみあさき2020）

③ ドイツとEUの政治教育

ドイツ（統合前は西ドイツ）では戦後、「人びとの政治への無関心がナチズムを生んだ」という反省から政治教育が重要視されてきていて、各州の学校法が政治教育の規定を定めています。学校では、「政治科」の授業があり、テキスト『政治を体験する』などで、民主主義、地方自治、共生、ナチズムの歴史、マスメディアによる政治操作、政治参加などを学んでいます。また、ジュニア選挙（模擬投票）で最も大切にされているのは、投票までの事前学習で、社会科（政治科や歴史科）ばかりでなく他の教科も含めた授業を数時間使って政治的リテラシーを学んでいきます。そこで選挙制度やメディアの戦略などの情報が提供され、各政党の主張や候補者について自ら調べることが促されます。また学校外でも連邦政治教育センターを中心に、刊行物発行、国際交流、講演会などによる多角的な政治教育が展開されてきました。（近藤孝弘２００５）

ＥＵは１９９７年からプロジェクト「民主主義的シティズンシップ教育と人権教育」を推進してきましたが、ドイツでは、近年の若者の間の政治的関心の低下と排外主義的な極右思想の広がりに対して、２００１年に連邦各州教育計画・研究助成委員会（ＢＬＫ）による意見書「民主主義を学び生きる」が出され、２００９年には常設各州文部大臣会議が「民主主義教育の強化」決議をして、ドイツ全州で政治教育を発展させたシティズンシップ教育としての民主主義教育が取り組まれています。学校を「民主主義を学ぶ場」であるとともに「民主主義を生きる場」とするとしています。学校運営への生徒参加は、この「民主主義を学ぶ場」「民主主義を生きる場」として取りくまれています。（柳澤良明２０２３）

また、ヨーロッパ各国には高校生・大学生の全国組織があり、ヨーロッパ生徒連合組織（22ヵ国の高校生組織が加盟）に加盟し活動しています。シカゴの高校のロビーの上には「黒人高校生組合」のステッカーが掲げられていました。これらのユニオンは子どもの権利条約の「結社・集会の自由」（第15条）で保障された権利を実現しているもので、毎年、代表は全国の組合員の要求をとりまとめて文部大臣交渉を行っています。こうした運動で、ヨーロッパ各国の大学（北欧諸国は大学院まで）の授業料無償化を実現し、守っているのです。

④ アメリカの政治教育

ダイアナ・ヘスは『教室における政治的中立性』のなかで、アメリカの政治学習では現実に起こっている政治問題について議論するとしていて、その具体的なテーマ例として、「合衆国は直ちにイラクからの軍隊の撤退を開始すべきか？」「合衆国はキューバに対する経済制裁を廃止すべきか？」「私たちの民主主義は、許可されていない市民のデモを禁止する権力を持つべきか？」「州と連邦政府は、死刑を禁止する法律を可決すべきか？」「私たちの州は、同性間の結婚を合法化する法律を通過させるべきか？」等をあげています。（ダイアナ・E・ヘス２０２１）

日本の公民科の授業では現実に起こっている政治的問題を扱うことや各政党の政策について扱うことを避ける傾向が強く、大学生たちに聞くと「高校で選挙に行けと言われたが、どの政党に入れたらいいかわからず、いいかげんな投票をしたくなかったので選挙に行かなかった」という意見が多く出されます。日本の政治教育の課題であると考えます。

⑤ 韓国の政治教育

韓国では1980年代後半以後の民主化の進展とともにシティズンシップ（韓国語で「民主市民」の育成）教育として「道徳」「社会」科目が開設され、市民の権利と義務、民主主義の基本原理、政治過程、政治制度、韓国政治等の授業が行われています。また韓国選挙研修院教授の高選圭《コソンギュ》さんによると、政治参加に必要な知識・態度・能力を獲得するための教育として、公的機関である選挙研修院はシティズンシップ教育の研修を教員や教育学部の大学生、児童・生徒などを対象に年間100万人以上に実施しています。さらに、生徒が地域の政治状況と政治プロセスを現場で体験・実習するプロセスを選挙研修院と自治体の選挙管理委員会が共同運営していて、生徒は地域の議会、地域の政党、市民団体等を訪問して政策決定や政治のプロセスを体験しています。

⑥ 香港の政治教育

香港では中国からの弾圧のなかで、自由と民主主義を守るために若者たちのデモが続けられました。若者たちの運動の背景には、香港で2009年から必修科目として導入された香港独自のシティズンシップ（市民を育てる）教育である「通識教育」という、現実の社会・政治問題について調べ議論する教育を実施してきたことがあります。香港大学華正中国教育研究センターの中井智香子さんによると、この教育は従来の知識伝授による丸暗記学習では海外で教育を受けた学生と比べて語学力・批判的思考・想像力・コミュニケーション能力などのスキルが備わっていないことから「通識教育科」を開始したということです。この教育のコンセプトは20世紀半ばにアメリカで確立された「探究式学習」を起源とし、「政治的無関心」から社会問題に関心をもつ新世代を育成することでした。「通識教育科」のカリキュラムの学習内容は「自己と自己啓発」「社会と文化」「科学・技術と環境」で、その知識と観点をつかって学生が自分の探究課題に取り組むものです。

しかし、中国政府はデモを禁止するとともに、通識教育を２０２１年9月から禁止してしまいました。

⑦タイの政治教育

タイでは２０２０年に若者たちがタブーとされてきた王政批判のデモを行いましたが、その背景にはタイの「キット・ペン」という現実問題を批判的にとらえ、問題解決のための意思決定をしていくという学習概念があります。

3、アメリカ・シカゴで見てきた学校と地域による「市民を育てる教育」

①デモクラシー・スクールとは

2019年3月の初めにアメリカ・シカゴの学校教育の調査に行ってきました。これは世界の主権者教育を調査して、日本の主権者教育の課題を研究するための、米・独・仏調査の第1回目として実施しました。シカゴを調査したのは、シカゴのあるイリノイ州では、民主主義的な市民性教育を推進する「イリノイ・デモクラシー・スクール（民主主義学校）」を推進しているからです。イリノイ州では高校でcivics（公民科）を必修化していて、また生徒の学校運営参加、地域参加による民主主義教育、市民性教育を推進しています。

また、私はアメリカの高校生たちの社会的活動に関心があり、聞き取りをしたいと考えていました。アメリカでは学校での銃乱射事件が大きな問題になっています。ワシントン・ポスト紙の分析によれば、学校で銃が原因で死亡した人は1999年以降でもおよそ200人に及び、12年生（日本の高校3年生）までの生徒は、少なくとも193の学校で、のべ18万7000人以上が学校の時間中に銃の発射事件に遭遇しているということです。2018年2月のフロリダ州の高校での銃乱射事件とトランプ大統領の教職員に銃を携帯させるという政策に対して高校生が立ち上がり、3月14日には全米で3000校の高校生が授業を中断して黙とうし、銃規制を求めるデモを行い、さらに3月24日には高校生の呼びかけた「命のための行進」にワシントンで80万人、全米では100万人が参加しました。

アメリカの学校教育制度は州や学区等により大きく異なり、シカゴ学区の場合、一般的には8—4制がとられています（初等教育学校 1—8、高校 9—12）。

②新自由主義「教育改革」とのたたかい

シカゴは生徒数40万人を超える全米第3の学校区ですが、2004年から2011年までに100校ちかい公立学校が学力テストの成績の悪い学校は閉鎖するという新自由主義「教育改革」で閉鎖され、かわって85校のチャータースクール（公設民営学校）がつくられました。シカゴ教員組合は2万7千人の組合員をもつ大きな組合で、こうした「教育改革」に反対して、「シカゴの生徒たちにふさわしい学校」というマニフェストを保護者らに配布して支持を得ていき、2012年に市との交渉が決裂すると9日間のストライキを保護者・市民の支持で成功させ、「全生徒分の教科書配布、教員の能力給制度導入案の完全撤回、教員解雇の解消と再雇用、黒人とヒスパニック系アメリカ人教員の雇用拡大、教員が自ら授業計画を立てる権利」などを勝ち取りました（鈴木大裕2016）。新自由主義教育改革に反対する教員組合のストライキはその後全国に広がり、各地で成功しています。

以下は、調査で案内・通訳を担当された筑波大学の古田雄一さんの資料によって報告します。

③生徒参加による民主主義教育・市民を育てる教育

シカゴ学区の民主主義教育・市民性教育実践の核となっている取り組みは下記のようです。

A. civics（公民科）

公民科（社会的な活動や組織を自主的に企画・運営できる人間の育成を目指した教育）が必修化

されていて、このなかでサービス・ラーニングも州規定で必修化されており、教室での学習のみならず、現実社会と交わる学習が求められています。

B．service-learning（サービス・ラーニング：SL）＝地域・社会活動への参加

サービス・ラーニングは、民主主義を再生させることを目的として、コミュニティへの参加活動を通して学習し市民として成長させていくアメリカの伝統的なシティズンシップ教育の方法です。サービス・ラーニングはシカゴ学区の高校の場合、公民科ともう1科目で実施が必修となっています。

C．Student Voice Committee（ステューデント・ボイス・コミッティー）＝学校運営への参加

必置ではありませんが、2019年時点でおよそ75／90校（8割）の高校、小中は45／400校が導入しています。実態は学校によりさまざまで、生徒会（student council、student government など名称は統一されていない）とは別組織の場合もあれば、統合されているケースもあります。次のLSCが生徒参加は代表1人のため、多くの生徒の声を学校運営に反映させていくものとして、また生徒たちの運動で要求を実現していくものとして機能しています。

D．Local School Council（学校評議会：LSC）＝学校運営への参加

シカゴ学校改革法（1989年）によりすべての公立学校に設置されています。保護者6人、住民2人、教職員3人、生徒1人で構成され、ここで校長選考、校長の評定、学校改善計画の承認、学校予算の承認などを行っています。代表はすべて公選で選ばれます。

④ 調査した４校の公立の「デモクラシー・スクール」

調査した高校はいずれも公立高校で、学校全体での民主主義教育・市民性教育の取り組みを認証する「イリノイ・デモクラシー・スクール」に認証された学校でした。欧米の国は高校まで義務教育で公立の高校には入学試験はありません。シカゴも高校は全入で入学試験はなく、住んでいる地域にある高校に進学するので都心にある学校には様々な人種の生徒が多く、郊外に行くほど白人の生徒が多いということです。したがって都心の学校には低所得層の家庭の子どもが多く、一般的には学力が低いということですが、デモクラシー・スクールは人気が高くて遠くから通っている生徒（そうした生徒は入学選抜がある）もいて、４校とも学力が高く進学率も高いということでした。

A. John Hancock High School（ジョン・ハンコック高校）

（生徒数９９０人（４学年合計）、生徒はヒスパニック系が圧倒的多数（93・８％）、低所得層も多数）

社会科の授業（生徒数：17人、担当教員：Ms.Chapman）を見学しました。その授業は大学の単位互換を含む高度な学習内容のプログラムということでした。授業は４人ずつのグループの協同学習で、内容は、三権分立のなかでの司法府に関する内容、ブラウン判決（１９５４年。人種分離政策を違憲とした判決）などの判例や、判事の選ばれ方における政治性や論点、原意主義と司法積極主義についてなどでした。

校長先生と担当の先生への聞き取りでは、「Student Voice Committee は、Student Council と称され、同一組織として統合している。継続的に活動に参加する生徒は25名程度（名簿上は50名程度）。メンタルヘルス、部活動への funding、新校舎への意見、長期休暇の間の宿題の見直しなどの活動をしている。学校評議会（LSC）の生徒代表は、Student Council とは関係なく学校選挙で選ばれる（ただし結果的には、Student Council に参加する生徒となることも多い）」とのことでした。

前年の3／14の銃規制デモでは、生徒たちが校長たちに交渉し、学校を休校にして全校で参加し、3／24の100万人デモの時は自主参加にしたとのことでした。

B．Alcott College Prep High School（アルコット・カレッジ・プレップ高校）

（生徒数907人の小規模校。生徒はヒスパニックが多く、貧困層も多い）

シカゴ学区教育委員会の Student Voice Committee 担当者の方からの聞き取りをしました。

「典型的ではない生徒のリーダーや教職員に不都合な声も大切にしている（担当教員への研修で

社会科のグループ学習の様子、25 人以下学級

も意識されている点）。研修は年３回程度実施し、管理ではなく生徒自身の手で進めることの意義を伝えている。生徒会（student council）とStudent Voice Committee の両方が設置されている場合、生徒会は行事企画が中心で、ＳＶＣは学校の課題への取り組みという棲み分けとなることが比較的多い。具体的にＳＶＣで取り組まれたことの例としては、トイレの修繕といった身近で具体的な問題から、教師のセクハラや人種差別、学校の校則など幅広い」とのことでした。

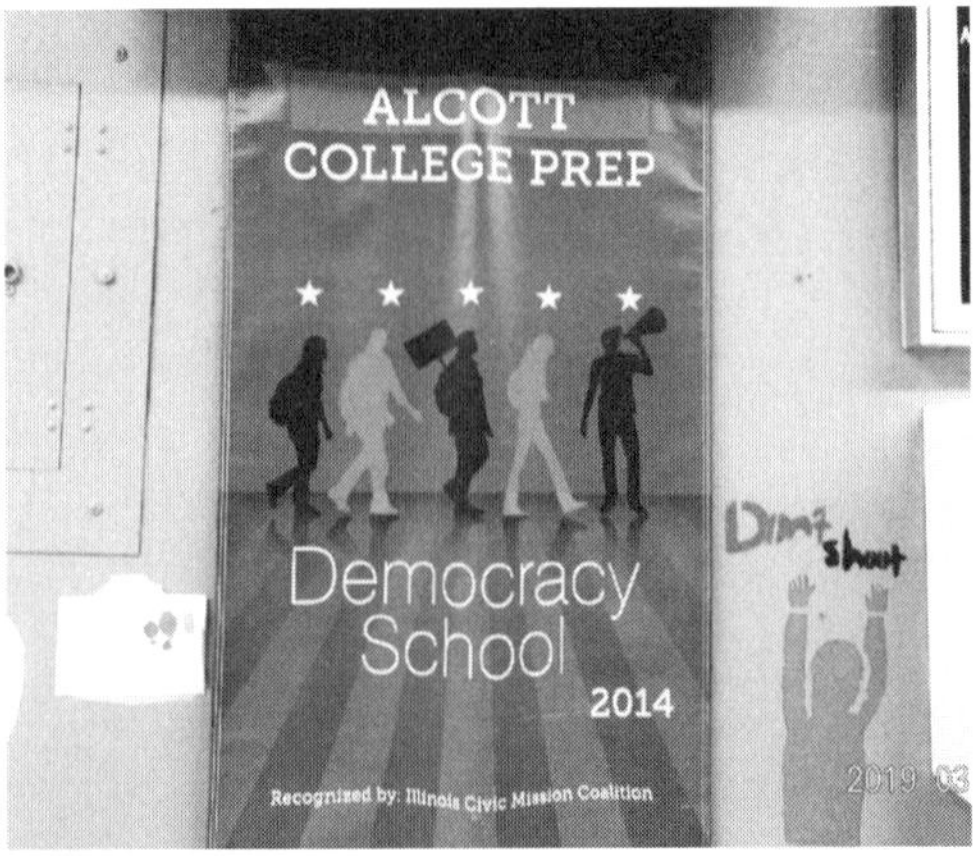

玄関に掲示されている「デモクラシー・スクール」の認証

C. Curie Metro High School（キューリー・メトロ高校）

（生徒数２７９６人の大規模校。生徒はヒスパニック系が多数で82・７％、低所得層も89・０％）

インタビュー（校長、公民科の教員）では、「Student Voice Committee と Student Council（生徒会）は別々に設置されている。この学校は教師の協同性と生徒を大切にする学校文化である。多くのサービス・ラーニングの活動を展開してきた」とのことでした。

civics（公民科）の授業（生徒数：22人、担当教員：Mr.Johnson）を見学しました。シカゴ学区が開発したモデルカリキュラム「Paricipate!（参加）」を使用していて、キング牧師の手紙と映像から「非暴力での不服従」についてグループで考えるという内容でした。

そのあと、サービスラーニング・プロジェクト の生徒たちの、アメリカで起こっている子どもの人身売買事件への啓発を主題とした創作演劇を見学しました。生徒たちは熱心に上演してくれました。指導しているのはダンスの先生で、各地で上演した写真を見せてくれました。

D. Jones College Prep High School（ジョーンズ・カレッジ・プレップ高校）

（生徒数１９０５人の中規模校。生徒の人種構成は白人 39・2%、ヒスパニック29・6%、アジア系14・3%、黒人11・9%など。低所得層は39・6%。生徒のほぼ全員が進学）

この高校は、２０１２年に連邦教育省のブルー・リボン・アワード受賞、America's Best High Schools に4年連続エントリー（２０１２年トップ１００）という学校。学校ホームページには、各学年の生徒会のページがあり、生徒による学校新聞

「サービス・ラーニング」プロジェクトによる社会問題啓発の創作演劇を見学

も熱心です。

URL:https://jonesblueprint.com/

社会的な課外活動の種類も多く、模擬国連、黒人生徒ユニオン、時事問題クラブ、赤十字、アムネスティなどがあります。

銃規制運動に参加した生徒たちからの聞き取り（生徒3人、教師1人）では、「昨年3月の銃規制運動への参加は、この学校の生徒会とStudent Voice Committee（SVC）と生徒組合の3組織による合同の企画でした」。

副校長へのインタビューでは、「生徒たちは学校に授業を休業にして参加したいと要求し、学校はきちんと準備されていて安全面でも大丈夫と判断して、学校として参加した。生徒たちは各クラスをまわり説明し、90％の生徒が参加した。教職員も参加した。親たちは応援した。参加後、校内にタウン・ホール（語り合う場）ができ、他のテーマでも不定期で取り組みが続いている」と述べられました。

また生徒は、「LSC（学校評議会）で最近私たち生徒が要求して実現したことは、カリキュラム

2018年3月の銃規制運動への同校の生徒参加（学校新聞より）

の改善で、LGBTなどについての性教育を増やしてほしい、外国語の導入を生徒の要望（生徒アンケートを生徒会がとり）で決めてほしいと要求して実現しました。また、生理用品をトイレに常備してほしいと要求して実現しました。」と質問に答えてくれました。

活動しているリーダーの生徒たちに政治や社会へのとらえ方について聞くと、「（トランプ）政治には失望している。でも、だからこそこうして活動している。こうして自分たちの声を発し、社会に参加していくことは、自分たちの責務だと感じる」と話してくれました。

まとめ

シカゴ大学も訪れ、民主主義教育で著名な学者のデューイの実験学校（現在は高校）や図書館などを見ました。シカゴ大学を拠点としたハイエク、フリードマンらのシカゴ学派が新自由主義経済学を打ち立てたことを考えると、シカゴで新自由主義教育改革の嵐が吹き荒れたことは必然とも言えます。しかし、それに対しての教職員組合や市民のたたかい、また連綿と続く民主主義教育、主権者・市民を育てる教育がシカゴ大学でのデューイの民主主義教育を源流とするものであることを考えると、シカゴはアメリカの

シカゴ大学

両面を象徴する都市であると実感しました。

アメリカ第3の都市シカゴの中心にはトランプタワーが聳《そび》え、そこで高校生たちも銃規制などのデモに立ち上がっているのです。教師と高校生たちへの聞き取りで強調されていたのは、Student Voice Committee のように、自分たちの要求を自分たちで運動して実現していく力をつけていく民主主義教育、市民性教育が求められているということでした。次頁の資料は生徒に民主主義的市民としてどのような力をつけようとしているのか、そうした教育のためには教師は何を目標にどのような教育をすべきなのか具体的に示したものです。これは日本の主権者教育にとって参考にすべきものであると考えます。

〈追記〉2023年12月13日に国連総会はイスラエルによるガザ地区への軍事侵攻に対して「人道的な即時停戦を求める決議案」を153ヵ国の賛成で採択しましたが、アメリカのバイデン政権はそれに反対しました。その後、アメリカの若者たちは各地で「停戦」を求める運動をすすめ、2024年1月31日までに全米48都市の議会が「停戦を求める決議」をしました。シカゴでは、前日まで高校生たちがデモ行進をして市議会に決議を求め、1月31日に決議されました。

資料　　シカゴ学区の市民性教育についての教師の自己評価項目

①政治を学習する	a）教員は、政府の構造や役割、地域・国家・国際的な政治構造や権力のダイナミクスについて教えている。 b）教員は、生徒が政治的風景における自身の役割について内省し、権力の分析に取り組み、個人やコミュニティの一員として市民としての力を行使するための方策を明らかにするよう誘っている。
②思慮深い投票者や選挙プロセスへの参加者になる	a）生徒は、地方や国の投票プロセスの歴史や構造、選挙の争点や候補者について学ぶ。 b）学校は、投票教育・動員・選挙人登録を含め、選挙のあらゆるプロセスへの党派性のない関与をサポートする。 c）生徒の投票者としての準備や選挙プロセスへの参加をサポートする、様々な学校／教室での活動やシミュレーションがある。
③時事的・論争的課題に関する議論に参加する	a）生徒は、議論の準備をし、熟考しながら自身にとって重要な課題について学び、幅広いソースから論拠を評価し、対立する意見を考え、主張を組み立て、自身の意見を深める。 b）生徒は、相手を尊重し生産的な民主的議論にどのように関与し、リードするか学習する。 c）生徒は、オンライン上で異なる立場の意見を調べ、相手を尊重し、思慮深く、生産的なオンラインでの対話に関与する。
④自分たちのアイデンティティや信条を探究する	a）教師は、生徒が自分のアイデンティティがどのように自身の生きられた経験や観点に影響を与えているか探究できる学習経験をデザインしている。 b）生徒は、異なるアイデンティティや信条をもつ人たちの観点について学び、理解することが奨励される。 c）学校の教職員は、自身のアイデンティティを振り返り、それが自身の役割や教育実践、生徒のサポートにどのように影響しているか考える。
⑤生徒の声を行使する	a）生徒は、学校の意思決定や方針策定にかかわる複数の機構に参加でき、学校の意思決定では日頃から生徒の視点が含まれている。 b）SVCは、学校の多様性を反映し、学校の課題に取り組み、学校の方針や意思決定に伝達し影響を与えるため生徒たちから日常的に意見を集めている。 c）教員は、生徒の生きられた経験、観点、関心に応答し、授業に組み込んでいる。
⑥真正な形で市民的リーダーと関わる	a）生徒は、近隣地域、市、州、国の市民的リーダーや、市民社会における自身の役割について学習する。 b）学校は、市民的リーダーを教室や学校に招いたり、生徒が自身の意見や観点を彼らと共有できるような対面やオンラインでの回路を明らかにしたりすることで、市民的リーダーとの関与をサポートする。
⑦コミュニティーに関与する	a）生徒は、卒業までに最低2つのSLのプロジェクトを完了し、市民的な組織、リーダー、生き方に出会う。 b）生徒は、特定の目的の前進のために、仲間、地域の住民や組織と連携し一緒に取り組むための手段を得る。
⑧解決策を提案するために協働して思慮深い行動をする	a）生徒は、自身にとって重要な課題についての調査や分析、原因の特定、行動の理論の構築、関係する聴衆の決定、具体的な目標への筋道立て、応答の実施、経験の前・最中・後における内省に取り組む。 b）生徒は、ソーシャル／デジタルプラットフォームを用い、課題に関する意識啓発、マルチメディアコンテンツの製作や流布、参加への巻き込みを行う。
⑨学校全体の市民性の文化を経験する	a）学校のリーダーは、市民的学習へのコミットメントと、その重要性のビジョンを表明する。生徒は学校における市民的リーダーである。 b）学校は、学校や地域に関係した課題に取り組むプロジェクトを含め、カリキュラム全体にわたり市民的学習を統合している。 c）学校の教職員は、教科を越えて市民的学習を浸透するために、職能研修の機会、協働する時間、カリキュラムのリソースを有する。 d）生徒が学校の方針、目標、教育、風土の形成に参加できる制度や構造がある。

（出所）「Chicago Public Schools」（2018）をもとに古田雄一氏作成。

第5章　どうする自立した市民育成への道
――主権者教育と社会活動参加への誘い

1、学校で若者を主権者に育てる

(1)「意見を言わない・討論ができない」日本の若者の実態

日本の多くの若者は「選挙に行かない・社会活動に参加しない」だけでなく、「意見を言わない・討論ができない」という実態があります。2022年に出版された『先生、どうか皆の前でほめないで下さい――いい子症候群の若者たち』（東洋経済、2022年）の著者である金間大介さんは金沢大学教授、東京大学客員教授です。この本は下記のような現在の大学生の特徴を描いています。

①自分の意見は言わない、②討論はしたくない、③目立つことが恐怖、④「浮いたらどうしよう」・100人のうちの1人でいたい、⑤競争したくない、⑥自己肯定感が低い・自分に自信が

ない、⑦評価されるのが怖い、⑧多数派でいたい・横並び主義、⑨言われた以上のことはしない、⑩学歴志向が強い

この指摘には私も全く同感であり、また知り合いの他大学の教員に聞いても皆同感とのことでした。学生のことは学生に聞くのが一番で、授業で10項目について聞いていくと皆「自分も同じです」ということでした。「意見を言わない・討論ができない」のは中学から始まり、高校でそうした状態がピークであったと進学校出身の学生たちが説明してくれました。

金間さんは学生の特徴や現象について指摘していますが、専門が教育学ではないのでその原因についての教育学的考察はありません。

こうした特徴については、以前から、国際学力到達度テスト（ＯＥＣＤのＰＩＳＡ）の結果でも指摘されていたことです。「日本の子どもは教科の知識はあるが、教科横断的な総合的な力が弱い」「思考力・判断力・表現力が弱い」「課題解決能力が低い」「コミュニケーション（討論する）能力が低い」「プレゼンテーション能力が低い」。金間氏の指摘はこれらの学力の特徴に人間的な特徴を加えた指摘です。

⑵ なぜ、こうした実態になっているのか原因を考える

①子どもの権利条約が保障している生徒の学校運営への意見表明と参加の実態

前述しましたが、日本若者協議会が２０２０年に全国の児童生徒、教員に実施したアンケー

ト結果では、「児童生徒が声を上げて学校が変わると思いますか？」という質問に、児童生徒の34％が「そう思わない」、34％が「どちらかというとそう思わない」と答えていて、教員も25％が「そう思わない」、36％が「どちらかというとそう思わない」と回答しています。「そう思わない」の理由として、生徒は「生徒会選挙で候補者が何度も校則を変えると言ってきたけど、変わったことがない」「生徒側が納得できる理由もなしに頭ごなしに否定してくるから」などが多く、教員は「校則や授業内容は子どもたちではなく、教員が決めるものだと思い込んでいるから（子どもも教員も保護者も）」「生徒の声を取り入れることへの拒否感が根強い」などが多いのです。（日本若者協議会が２０２０年11月にＨＰやＳＮＳ上で回答を募集したＷｅｂアンケート。47都道府県の学生７７９名、教員44名が回答。https://youthconference.jp/archives/2398/）

②子どもたちは意見表明の場を求めている

学校への意見表明について子どもたちはどのように考えているのでしょうか。日本若者協議会による生徒へのアンケート（２０２０年、回答数７７９名）では、「学校に関することを児童生徒が意見を表明したり、議論したりする場が必要であると思いますか？」という問に対して、72％が「そう思う」、21％が「どちらかといえばそう思う」と回答していて、合計すると93％にもなります。

また問「もし、学校に関することで児童生徒が意見を表明できる場があるとしたら、何について要望したいですか？」のアンケートでは、「校則」についての要望が一番多く、以下「学校行事」「学校生活」「部活動」「授業内容」など学習権をもつ生徒にとって大事な要望項目となっています。「具体的にはどのようなことですか？」への記述欄には、「理不尽な校則を変えてほしい」「教師の暴力について」「危険な施設について」「授業を改善してほしい」など生徒にとって切実な要望が満載されています。

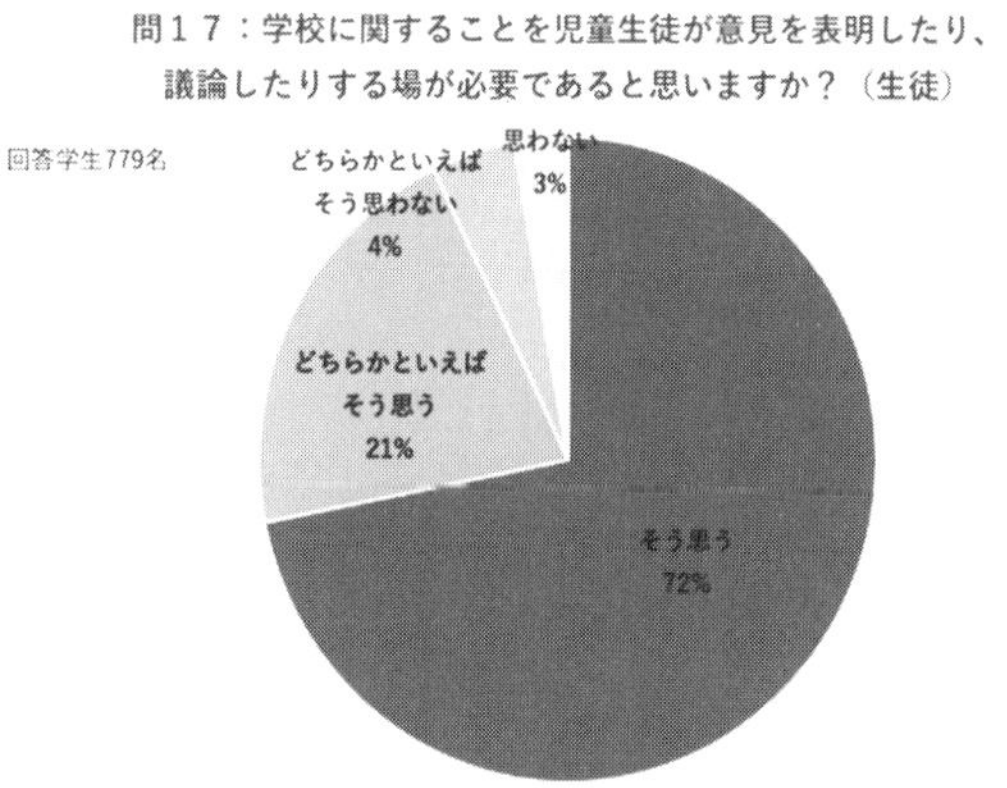

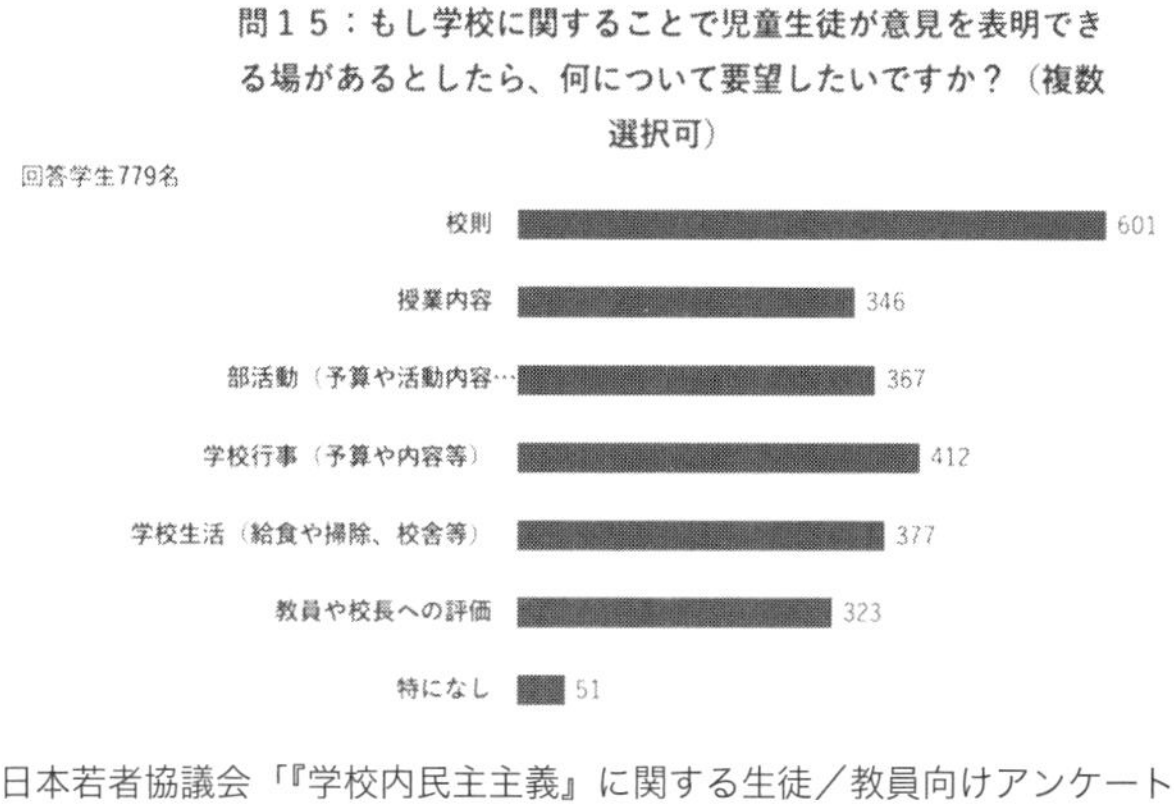

日本若者協議会「『学校内民主主義』に関する生徒／教員向けアンケート結果まとめ」より

この2つのアンケート結果からわかることは、子どもたちが学校に対して意見表明することを求めていないから、そうした場を学校は設けていないのではなく、子どもたちは意見表明することを求めているのに学校はその場を設けていないということです。これは明らかに子どもの権利を保障する条件整備をしていないということになります。

③子どもの権利条約を28年間遵守してこなかった政府・文科省

ユネスコは「子どもに3つの参加＝学校運営への参加、社会・行政への参加、授業への参加(参加型授業)を保障すること」と世界の教師に呼びかけてきましたが、ユネスコ国内委員会である文科省は全く学校に下ろさなかったのです。そして、日本政府は「子どもの権利条約」を1994年に批准しましたが、それから28年間にわたり国内法(子どもの権利基本法)をつくらずにきました。また学校などの子どもに関わる現場の教員や職員に研修もせず、なによりも子どもに子どもの権利を教えることをほとんどしてこなかったのです。

「子どもの権利条約」は国際条約であるので政府は批准したら遵守《じゅんしゅ》する義務が生じます。この条約では、「あらゆる段階の学校カリキュラムに条約および人権一般の学習を編入すること」(条約実施に関する一般的措置)としていますので、日本の場合はその学習を大綱的基準である学習指導要領に位置づけなくてはならないのです。締約国はこの条約の第44条で子どもの権利の実現のためにとった措置や権利の享受についての進捗状況を国連子どもの権利委員会に報告するよう義務付けられていて、定期的に政府から報告し、また民間からもカウンターレポートが寄せられて審査され、国連子どもの権利委員会は日本政府に「勧告」してきました。

国連子どもの権利委員会の日本政府への第2回所見では「子どもが権利の主体であるという事実に対する公衆一般および子どもの認識を高めるためのキャンペーンを強化すること」とし、毎回日本政府に「教員、裁判官、弁護士、家裁調査官、すべてのレベルの公務員に、子どもの権利条約の計画的かつ体系的な教育および研修を継続して実施すること」と勧告してきました。しかし、これらの「大部分が十全に実施されていないか、まったく取り組まれていないことに遺憾の念を表明する」（第3回所見）としました。

「子どもの権利条約」では「締約国は、自己の見解をまとめる力のある子どもに、その子どもに影響を与えるすべての事柄について、自由に自己の見解を表明する権利を保証する」と定めていますが、国連子どもの権利委員会の審査で、日本では、子どもに関することを決める時に、「学校その他の施設において、方針を決定するための会議、委員会その他の会合に、子どもが継続的かつ全面的に参加すること」を保障して、意見を聞いて決めることをしていないとして、「確保すること」と日本政府に毎回勧告をしてきています。このように日本では、「子どもの権利条約」は批准されたのに実施されず、学校でも「子どもの権利」はほとんど「空白の28年間」が過ぎてきたのです。

④「ブラック校則」まで生まれた「規律教育」による子どもの管理

多くの学校では「子どもの権利条約」が保障されてこなかっただけでなく、その反対に子どもへの管理が「規律教育」によってより強められてきました。

2006年に安倍政権は教育基本法を変えて、教育基本法から「平和を希求」という文言を削除して、「国を愛する態度を養う」教育とともに「規律を重んずる」教育（第6条）を新たに定めました。翌年、文科省は「問題行動を起こす児童生徒」には「毅然とした指導を行うよう」全国の教育委員会に通知しました。この通知に対応して、例えば東京都教育委員会は「都立高校生活指導指針――規範意識の育成に向けて」を出しました。また、小学校では「生活スタンダード」「学習スタンダード」というみんなが同じように生活する、同じように学習をすすめるという同一規律指導が全国ですすめられました。教員も児童に同じ指導をしなくてはならなくなり、各児童に応じたそれぞれの指導や教員の個性的な指導ができなくなりました。私の授業で大学生たちが言った「いつもみんなと同じようにやるよう言われ、意見を言ったりしないよう目立たないようにしていた」という言葉がそれを表しています。これでは子どもたちに「同調圧力」を学校が強要してきたとも言えます。

またこの「規律教育」によって校則がより細かく規定され、指導が厳しくなっていきました。東京都と大阪府の高校では、それぞれ6割の学校で入学時に保護者が証明する「地毛証明書」の提出を求めました。地毛を添付させるケースも多く、頭髪検査ではその地毛と比較して染色している生徒は「帰宅して黒く染めたら登校するよう」指導されました。授業に出られないので子どもの学習権を奪うことになり、さらにその間は授業が欠席扱いにされる学校もありました。また頭髪の前髪の長さや「ツーブロック」禁止などの細かい規定は多くの学校で実施されました。さらに下着の色の指定と検査まで行う学校があり、「ブラック校則」として告発されていきました。定期的な服装・頭髪検査で、違反して皆の前で大きな声で叱責されることを指す「公開処刑」という言葉まで子どもたちの間では生まれました。

不登校児童生徒数の推移

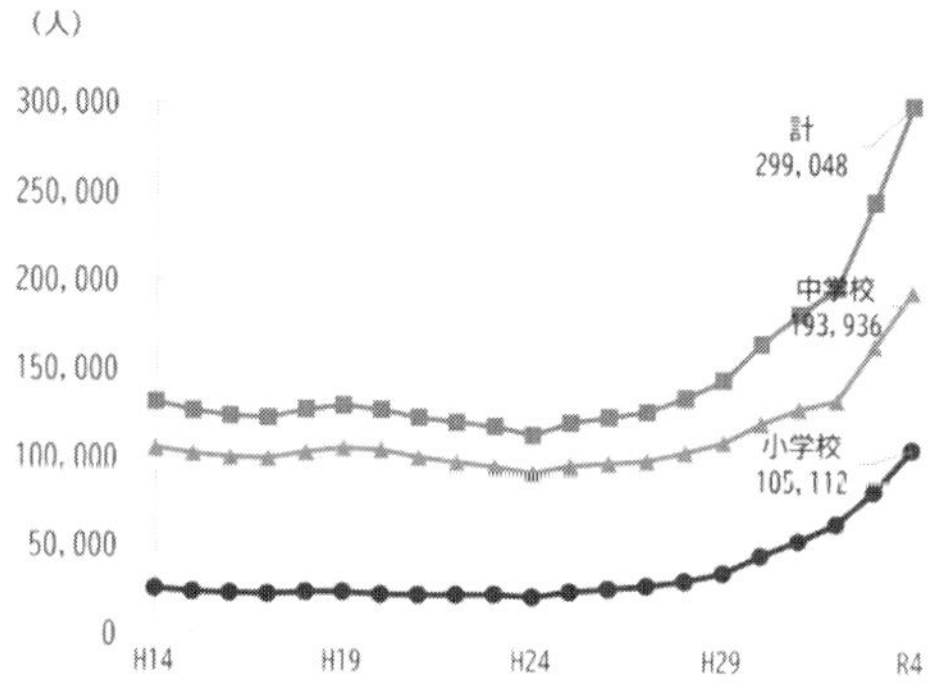

いじめの認知件数の推移

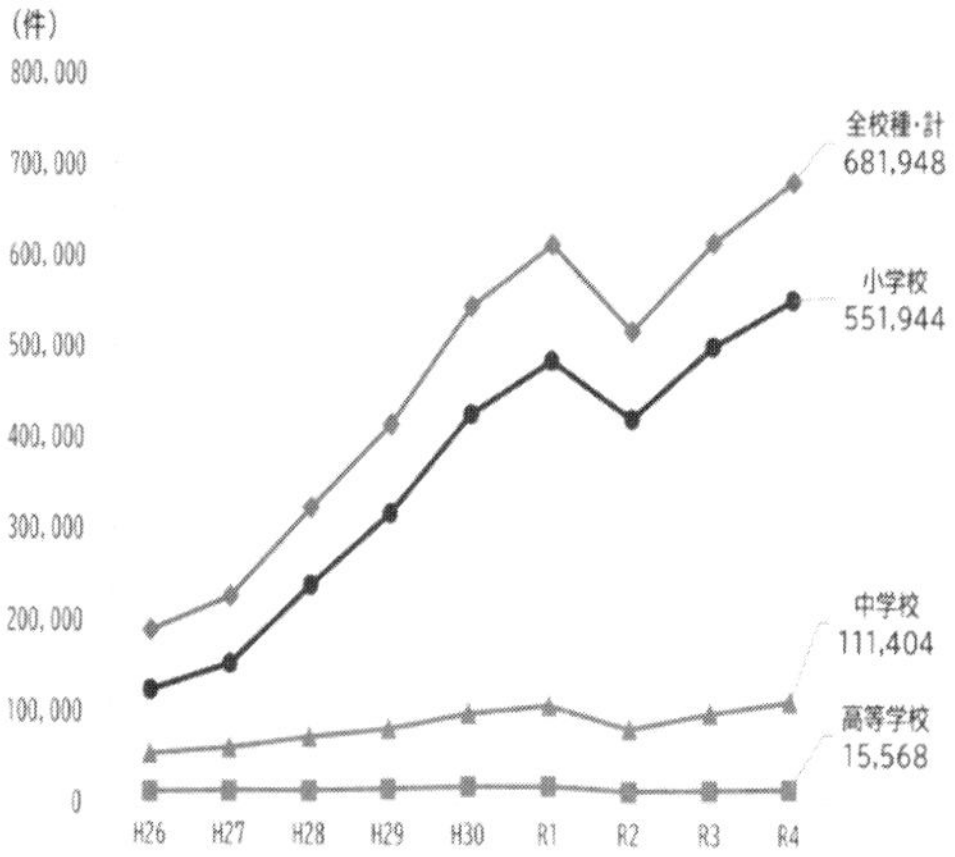

こうしたことが進行するにつれて小学生、中学生の不登校は急増してきて、2022年度は29万9000人となり、10年連続で増加して過去最多となりました。また、2022年度に認知されたいじめの件数は前年度から10％増の68万1948件となり過去最多となりました。（いずれも文科省の発表、前頁）

こうした子どもへの人権侵害ともいえる学校の指導に対して教師はなぜ反対できなかったのでしょうか。学校から教師の発言の自由がなくなっていった背景には、2000年の学校教育法施行規則改正で、校長権限が強化されて職員会議は「校長の補助機関」とされたということがあります。東京都教育委員会は2006年に職員会議で教職員の意思を挙手や採決で確認することを禁止しました。続いて文科省も2014年に都教委と同じ内容の通知を出し、翌年にはそれが守られているかどうかの全国の学校調査を実施して、守っていない学校には是正させました。職員会議で教職員が自由に議論して決定していくことができなくなっていき、校則を含む学校運営のすべては「校長が決める」ということになったのです。こうして校則を含むすべての学校運営は生徒や保護者の参加で民主的に決めるという欧米の学校運営と真逆になってしまったのです。

「校長権限による学校運営」と「規律教育」はどういうことを学校にもたらしたのでしょうか。例えば、都立A高校では、赴任した校長が1年目に中学生への学校説明会で、突然「来年から制服にし、頭髪指導を行う」と発言しました。そのことについて生徒会執行部の生徒たちは生徒総会を開こうとしましたが校長が認めないのです。交渉の末になんとか生徒総会を開き、「校長の方針の撤回と、生徒の学校生活に関わる重要な決定をする場合は、生徒及び保護者への説明なしに決定、公表、実施をしないことを求める」ことを決議して申し入れを続けましたが、理由説明もなく拒否されました。生徒会役員の生徒たちは失望感が大きかったと言いました。その学校の教師にも話を聞きましたが、この問題について職員会議で話し合って決めることも校長から認められなかったと言います。東京都立大学でも教育実習から帰って来た学生たちが「実習初日に校長先生から、君たちがいた時の学校と同じだと思って実習しないようにと指導された。かつてはなかった頭髪指導など母校の自由さはなくなっていた」と、ここ数年何人もが述べていました。

一方、校則をなくした東京都世田谷区立桜丘中学校が話題になりました。西郷孝彦校長が校則をなくすことを決めることができたのだから、校長権限による学校運営もよいのではないかという意見もあると思います。しかし、この学校も校則は必要だという校長が赴任すれば、その校長の権限でいつでも校則は復活するのです。国のあり方は民主主義国家か権威主義国家（独裁国家）かで分けられますが、学校運営も学校の当事者である教職員・生徒・保護者が参加する民主主義的運営か、校長ひとりの権威主義的運営かになっています。そのどちらがよいかは、どちらが児童・生徒にとってよいのかで決まると思います。

⑤校則問題への批判世論が政府・文科省を動かした

「意見を言わない・討論ができない」原因について教育学科の学生たちと考察していくと、小学校からの「学習スタンダード」「生活スタンダード」という「横並び統制」教育が同調圧力を生んでおり、中学校の「関心・意欲・態度」の観点別評価が「正解主義」（間違ってはいけないという考え）と「発言するのは成績を上げるためにしていると思われることがイヤだ」という気持ちを生んでいて、教室から「発言・討論」がなくなっていったと分析しました。「正解主義」の背景には、新自由主義の「自己責任」という考えが「失敗を許さない社会」をつくっていることもあると分析しました。

また、アメリカの「ゼロトレランス」（寛容ゼロ）指導も導入されました。問題を重ねる生徒は退学にするというような厳しい指導です。そうしたなかで、人権侵害ともいえる校則を指す「ブラック校則」という言葉が社会問題となり、理不尽な校則に苦しみ、疑問を持っている子どもが多くいることが報道されました。

そうした実態を子どもや保護者もSNSで発信し始め、『ブラック校則――理不尽な苦しみの現実』（内田良名古屋大学教授・荻上チキ著）が出版され、「ブラック校則をなくそう！プロジェクト」（荻上チキ氏など代表）によるブラック校則調査結果の発表、「不適切・不合理な校則（ブラック校則）をなくすよう求める署名」が文科省に6万人分提出され（2019年8月）、また教員や高校生による「＃この髪どうしてダメですか」署名1万9千人分（2021年3月）が東京都教育委員会（都教委）に提出されるなどの運動が広がりました。

2017年に、大阪府立高校の女子生徒が厳しい頭髪の黒染め指導で不登校になり裁判に訴えてからマスメディアの校則問題についての報道が多くなり、理不尽な校則についての報道とともに、校則改善に生徒が参加できる「三者協議会」を実施している東京の私立・大東学園高校などの報道も新聞やＮＨＫなどで続きました。

校則改善へ生徒が参加できる「三者協議会」についての報道で私がインタビューに答えた記事が載ったものだけでも、２０１７年12月26日の東京新聞夕刊、２０１８年９月４日の朝日新聞の「ブラック校則」特集、２０２０年８月２日の東京新聞、２０２１年５月25日の読売新聞、同年11月10日のしんぶん赤旗と続いてきました。読売新聞は特集を５回連載し、私が紹介した和光中学校の「三者連絡協議会」についても取材して報道しました。

こうした世論とメディアからの批判の動きのなかで、２０２１年６月８日文科省は全国の教育委員会へ下記の通知を出しました。

文科省の通知は、①校則の内容の見直し、②校則の見直しに児童生徒が参加すること、という２つの内容でした。これは理不尽な校則の内容と、その校則を誰がつくり、誰が改善するのかということについての世論の批判に対して応えたものでした。

(3)「こども基本法」「改定・生徒指導提要」と生徒参加の課題

こども基本法が２０２２年６月15日に国会で可決成立し、６月22日に公布され、２０２３年４月１日から施行されました。政府が28年間放置してきた「子どもの権利条約」の国内法を制定したのです。この法律に子どもの意見表明権が明記され、子どもの意見は学校などで尊重され、意見表明する機会は確保されることになりました。

こども基本法第三条

三　全てのこどもについて、その年齢及び発達の程度に応じて、自己に直接関係する全ての事項に関して意見を表明する機会及び多様な社会的活動に参画する機会が確保されること。
四　全てのこどもについて、その年齢及び発達の程度に応じて、その意見が尊重され、その最善の利益が優先して考慮されること。

この「こども基本法」について、文中の「自己に直接関係する」と限定をかけることは適切でないという批判（中嶋哲彦２０２３）や、「意見を表明する機会」「社会的活動に参画する機会」とあるが「機会の確保」ではなく「権利の保障」でなくてはならないという批判（山岸利次２０２３）などはありますが、初めて子どもの意見表明権が法律化されたのです。

さらに文科省は生徒指導の基本書である「生徒指導提要」を初めて改定して２０２２年12月６日に公表しました。その「改定版」では、子どもの権利条約の意見表明権が明記された内容になりました。

生徒指導提要（改定版）では、「生徒指導の取組上の留意点」として、「児童生徒の権利の理解」

をあげ、「児童の権利条約」の「四つの原則」の理解が不可欠としてそのなかに「意見を表明する権利」を明示しました。

そして、「生徒指導に関する法制度等の運用体制」の「校則の運用・見直し」で「児童生徒や保護者等の学校関係者からの意見を聴取した上で定めていくことが望ましい」とし、「その見直しに当たっては、児童会・生徒会や保護者会といった場において、校則について確認したり議論したりする機会を設けるなど、絶えず積極的に見直しを行っていくことが求められます」「校則を策定したり、見直したりする場合にどのような手続きを踏むことになるのか、その過程についても示しておくことが望まれます」としました。

また、「児童生徒の参画」として「校則の見直しの過程に児童生徒自身が参画することは、校則の意義を理解し、自ら校則を守ろうとする意識の醸成につながります。また、校則を見直す際に児童生徒が主体的に参加し意見表明することは、学校のルールを無批判に受け入れるのではなく、自身がその根拠や影響を考え、身近な課題を自ら解決するといった教育的意義を有するものとなります」としました。

ここでも「意見表明権の保障」という内容にはなっていないという問題はありますが、「生徒指導提要」に子どもの権利条約が明記され、また子どもの権利条約の「4つの原則」として「意見を表明する権利」が明記されたことは学校現場にとって重要な改定です。

こども基本法と改定・生徒指導提要を学校で実施することによって、校則改善などの学校運営に児童生徒が参加し意見表明していけるようになれば、欧米のように主権者意識を向上させていくことができるようになります。そのための条件整備として、「子どもの権利条約の28年間の空白期」をうめる、教員の子どもの権利条約についての研修、児童生徒の子どもの権利条約の学習、大学での教員養成の教職課程での子どもの権利条約の学習を保障していくことが教育行政と学校現場に求められています。

⑷ 日本の憲法教育・政治教育の課題

① 国民の権利をよく知らない若者たち

大学の授業で毎年学生に「憲法は何が書かれているものですか?」と聞いてきました。多くの学生が「国民の義務が書いてある」と答えるからです。「では国民の義務はいくつありますか?」と聞くと、考えてから「3つ」と答えます。「憲法は百箇条以上ありますが、たった3つです。あとは何が書かれていますか?」と聞くと、「戦争の放棄と、あとは三権分立などの国のしくみ」と答えます。「どうして国民の権利が出てこないんですか?」と聞くと、「よく覚えていない」ということです。さらに国民の権利について聞いていくと、社会権については「労働三権」などを思い出しますが、基本的人権の「個人として尊重される」や「幸福追求権」「自由権」などはほとんど答えられません。そして、「憲法には憲法を守らないといけない人たちを定めていますが誰ですか?」と聞くと、またもや「国民」という答えが多いのです。「それは天皇、大臣、国会議員、公務員などの権力をもつ人たちで、99条『憲法尊重擁護の義務』で定められています。憲法には国民の権利が定められていますから、権力をもつ人たちは都合よく国民を支配したいので、憲法を守らない、憲法を変えようとします。だから第99条でそれを縛っているのです。これを立憲主義と言います。だから、現在のように政権が改憲を主張することは憲法違反です。しかし、憲法を守れるのは国民で、国民の自由と権利は国民の不断の努力で保持しなければならないと第12条に書いてあります。」

こうした国民の権利についての学習は多くの学生が受けていないと答えます。「子どもの権利条約」の学習になるとさらになかったということになります。そして学生たちにこの話をすると、「民主主義や権利や自由と教えてもらっても、そんなものは校則などの学校生活にないのだから、教科書に書かれた理想の話で現実にはあり得ないなと考えてしまう」という意見が多いのです。

憲法と子どもの権利条約が保障している権利（自由権・社会権）を知らず体験もできずにきた若者たちは、自分の権利を知らないだけでなく他人の権利も知らないので、生活保護受給者に対するバッシングやその他の弱者やマイノリティへの権利侵害に気づくことができないのです。

② 世界でデモが嫌いなのは日本と中国の国民だけ

大学の授業で大学生に政治活動について聞きました。「2015年からの18歳選挙権実施に伴って、文科省はそれまで禁止していた『高校生の政治活動』を学校の外ならできるようにしました。

高校でそのことを学びましたか？」「教えてもらった」は1人のみ。「学校では教えてもらわなかったが、知っていた」は0人。「全く知らなかった」が24人。聞いてみると、「それまで禁止されていたことも、できるようになったことも知らなかった」「全く教えてもらっていない」「選挙に行くようには言われたが、政治活動のことは何も聞いていない」という状態でした。

続いてデモについて聞きました。「世界の高校生や大学生は、グレタさんの提起した地球温暖化防止のためのデモにグレタさんが国連に行った2日間で700万人も参加しています。デモという民主主義社会での権利について、どう思いますか？」

「デモに参加したことがある」は0人。「いいと思うが、参加はしない」が23人。「デモは怖いと思い、参加しない」が5人でした。

意見として出たのは、「デモはいいと思うし、参加してみたい気持ちはあるが、機会がなかった」「いいと思うが、行動するのは恥ずかしい」「メディアで海外のデモを見ると正当な権利主張だと思う」「過激なイメージが強く参加しない」「強い言葉を使っていることについていけない」「怖い」というものでした。なぜ、怖いと思うか聞くと、「巻き込まれる感じがして、駅前の署名活動にも参加したくない」「暴力的なイメージがあるから」「暴動のイメージしかない」「日本では弾圧されているシーンばかり流れる。だが、今のままだと若者は参加しないから若者の意見が政治に反映されない」「過激な思想に見えて参加することに拒否感がある。ただ、そうして政治に関わらないことが独裁化を招いたことを知り、迷っている」という意見でした。

大阪大学と香港城市大学が日・中・韓・香港・インド・英・仏・独・米で調査した結果（2021年4月16日付朝日新聞）では、日本と中国が際立って「政治的なデモに参加する人には近づきたくない」が高い傾向にありました。反政府デモのできない中国では当然の結果と思われますが、「民主主義国」日本でなぜデモに対する拒否感が強いのでしょうか。その原因は、①学校でデモを市民の民主主義的権利と教えていない（デモができるか否かはその国の民主主義のバロメーター）から、②1970年頃の過激派の行動を繰り返し報道するメディアの「刷り込み」から、「怖い」と思うと考えられます。そして、このデモ嫌いは若者ほど強いということです。

③ 若者の平和意識と政治意識はどうなっているのか

私は2022年、大学の授業で「ウクライナ侵略と国連憲章・日本国憲法を考える」という授業を行い、「ウクライナ侵略を考える大学の授業」（『教育』2022年12月号）で、大学生の憲法意識、平和意識について報告しました。現在、改憲政党が「台湾有事」を言い立てて「武力による防衛」論を煽っている現状がありますが、若者たちの平和意識は、高校までの憲法の平和主義の教育が大きな影響を与えているとわかりました。（宮下与兵衛2022）

日本総研の「2022若者意識調査」（2022年11月〜12月実施。中学生・高校生各300人と大学生400人、男女半々への調査）によると、「将来の日本は平和であると思うか」という質問に、「思う」（「とてもそう思う」「ややそう思う」）は全体の49・1％で、「思わない」（「あまりそう思わない」「全くそう思わない」）とほぼ半々でした。「憲法9条の改正を行うことは必要だと思うか」という質問には、「必要だと思う」（「とてもそう思う」「ややそう思う」）が全体の49・9％で、「必要だと思わない」（「あまりそう思わない」「全くそう思わない」）が50・1％で、こちらも半々でした。性別では、「必要だと思う」は男子（58・8％）のほうが女子（46・0％）より多数でした。「憲法9条の改正の是非を議論することは必要か」という質問には、「必要だと思う」（「とてもそう思う」「ややそう思う」）は全体の65・9％でした。「日本の平和を守るために大事なこと」で選んだのは、「日本の防衛を強化すること」（34・1％）よりも、「日本の国内経済を強化すること」（38・3％）、「国内の食料自給率を上げること」（35・2％）のほうが多く、「日本の政治・外交を強化すること」（34・1％）が同率になっています。

この結果はロシア・ウクライナ戦争の最中の意識としては、憲法の平和主義の考えが強いとわかります。

しかし、授業でわかった大学生の認識は、改憲論議がされている「自衛隊の9条への明記」「緊急事態条項」などについてはその内容をほとんど理解していないこと、また改憲そのものについては賛成が多いことがわかりました。

大学生たちは、高校までの社会科・公民科で現在問題になっている政治問題をあまり取り上げていない、また、それらについての各政党の政策を取り上げていないので、選挙に「関心を持てない」「どこに入れたらよいかわからない」「よくわからないのに、無責任な投票はしたくない」

と指摘していました。また、右派ポピュリズム政党への支持が高いことも特徴的です。「ポピュリズム」は元々は民衆による政治運動のことを指していましたが、近年は「大衆迎合主義」と訳され、選挙に勝つために大衆受けする政策を掲げ、国民の不満や不安を煽《あお》り敵をつくって大衆を率いていき、社会を分断する傾向があります。トランプ前大統領の手法です。政治活動については、デモの権利などについて教えてもらっていないので政治活動や社会活動についての偏見があり、署名についても抵抗があり、参加しようとは思わないと学生たちは述べていました。

④なぜ、多くの若者が安倍政権を支持していたのか

若者の政党に対する見方はどうなっているのでしょう。

若者世代の多くの子ども期・青年期は安倍政権時代でした。世論調査で、その若者たちの安倍政権への支持は他のどの世代よりも高い支持率を示してきました。２０１５年に安倍政権は、それまでの自民党政権が日本国憲法下で集団的自衛権（軍事同盟を結んでいるアメリカが戦争を始めれば同盟国である日本は共に戦争をしなければならないというもの）は「ない」としていたものを「ある」とした安保法制を多くの国民やほとんどの法学者の反対を押し切って強行しました。その直後に国民の政権支持率は3割台に低下しましたが、20代の若者の支持率は6割台で変わりませんでした。国会前で安保法制に反対を続けた学生団体「SEALDs」の行動はありましたが、それはごく一部の若者の活動でした。若者の高い政権支持率は安倍政権、菅政権と続きました。

２０１７年に読売新聞と早稲田大学現代政治経済研究所が共同で行った調査（各政党を「保守的と思うか、リベラルと思うか」聞いている）では次のような結果となっています。

40代以下は自民党と日本維新の会を「リベラル」な政党だと捉《とら》えており、共産党や公明党を「保守的」な政党だと捉えている。対して、50代以上は、自民党や日本維新の会を「保守」と捉え、共産党を「リベラル」だと捉えるなど、大きな「断層」が生じている。特に、若い世代ほど自民党を「リベラル」だと感じる傾向が強く、18〜29歳は民進党（当時）よりも自民党のほうを「リベラル」だと見ている。（遠藤晶久２０１９）

この調査で若者は「リベラル」について「改革的」と認識している傾向があることがわかったということですが、なぜ、自民と維新はリベラルと見えるのでしょうか。それは、「改憲、幼保無償化や学費無償化等」の政策が改革派と見えるからと思われるということです。なぜ、共産党は保守的と見えるのでしょうか。それは、「憲法守れ、〇〇反対、〇〇守れ」という多くの政策の中身を調べないために言葉のイメージだけで保守的と見えているからと思われます。若者が安倍政権に対して一貫して強く支持してきた理由は、安倍政権の保守的・国家主義的な政策が若者には見えにくく、若者が関心のある政策をうまくアピールしてきたからと思われます。さらにアピールの巧妙なポピュリズム政党に若者は惹《ひ》かれています。

⑤ 多くの若者は保守的ではない

多くの若者が保守的・国家主義的ではないということは次のような点からわかります。「選択的夫婦別姓」について、女性は世代を超えて賛成が多いですが、男性では、20〜39歳の若者は40歳以上に比べて賛成が多くなっています（2020年早稲田大学法学部・棚村政行研究室と選択的夫婦別姓・全国陳情アクションによる全国47都道府県7000人への合同調査結果）。

「LGBTQに対する差別や偏見」は、「あると思う」「ややあると思う」の合計が、10代は26・7％、20代は31・7％、30代・40代・50代が40％ほど、60代は54・6％となっています（2019年日本財団による10代〜60代の5216人への「ダイバーシティ&インクルージョン」に関する意識調査結果）。

同性婚についても、「同性婚を法律で認めること」について、20代（18・19歳含む）は「賛成」が91・4％、30代は88・8％、40代は79・0％、50代は75・9％、60代は64・3％、70歳以上は47・0％となっています（2023年2月19日発表、NNN・読売新聞による1044人への調査発表）。JNN世論調査でも、18歳以上30歳未満の男性で「賛成」が75％、女性で「賛成」が91％、60歳以上の男性で「賛成」が39％、女性で「賛成」が49％となっています（TBSテレビ2023年5月1日発表）。

「難民の受け入れ」については、「積極的に受け入れるべきである」「どちらかといえば積極的に受け入れるべきである」の合計が、18〜29歳は36・6％で最も高く、次に60歳代が27・1％で、他の世代は22％ほど、30歳代は14・3％となっています（2019年度内閣府の基本的法制度に関する世論調査結果）。

「韓国」について「嫌い」を世代別に見ていくと、18歳〜29歳は13％、30代は21％、40代は25％、50代は33％、60代は36％、70歳以上は41％となっています（2019年9月17日付朝日新聞、同社全国世論調査結果）。

つまり若者の安倍政権支持はこのように安倍政権の保守的・国家主義的な面での支持ではなかったことがわかります。

2021年秋の衆院選前に、CCCマーケティング・Tポイント・ジャパンが「期待する政党」として、10〜29歳から調べた3万572票の投票結果は次のようでした。6割近い若者が「自由民主党」（58・2％）に投票し、次いで「立憲民主党」（12・6％）、「公明党」（5・8％）「日本維新の会」（4・6％）、「国民民主党」（4・5％）、「日本共産党」（4・2％）、「れいわ新選組」（2・9％）、「社会民主党」（2・0％）となっていました。

⑥なぜ、多くの若者が岸田政権を支持しないのか

このように自民党は安倍政権の時から菅政権まで6割という若者の支持を得てきましたが、岸田政権の2022年から支持率は下がっていきます。資料が偏っていると指摘されないように政権寄りの読売新聞の記事から見てみます。早稲田大学政治経済学術院の日野愛郎教授（投票行動論）が2022年の参院選投開票前日の7月9日、インターネットで有権者の動向を調べ、

４８１１人から回答を得た結果は次のようです。

自民党の20歳代以下の支持は、２０１７年衆院選の46％から、２０２２年７月10日の参院選では32％に落ち込んだ。そして、19年と22年の２つの参院選で、30歳代以下からの支持を比べると、維新は20・１％から25・１％に、国民は10・７％から20・６％に上がった。参政は、30歳代以下からの支持は10・９％で、共産党の９％を上回った。重要だと考える争点を複数挙げてもらったところ、「18歳から39歳」では「40歳以上」よりも、「高等教育の無償化」「選択的夫婦別姓制度の導入」「同性婚の合法化」を重要だと考える人が多かった。維新と国民は公約で、教育無償化の範囲拡大や、選択的夫婦別姓の導入を掲げた。参政は、新型コロナウイルス対策で感染対策より経済重視を訴え、マスク着用自由化を掲げた（以上、読売新聞）。

岸田内閣の世代別支持率も、２０２１年10月発足当初に最も高かった18歳～39歳の若者の支持率（62％）が、２０２３年10月には世代別で最も低く（26％）なっています。次に高かった40歳～59歳の発足時支持率（54％）も、２０２３年10月には若者に次いで低く（29％）なっています。60歳以上は発足時に最も低い支持率（53％）でしたが、２０２３年10月には最も高く（43％）なっています。若者の支持率低下の原因は、「政府の経済対策に期待できる」が若者層は19％しかなく、「政策に期待できない」が全体では42％なのが若者層は61％で極端に高くなっています。また、２０２３年７～８月に読売新聞社が早稲田大学と共同で実施した世論調査では、「防衛力強化のための財源として増税すること」について、若者層が最も「反対」と回答しています（２０２３

年11月15日付読売新聞オンライン）。

この若者の岸田内閣支持率の低下は２０２３年11月末から明らかになった自民党の政治資金パーティー券裏金問題が明らかになる前のものです。また、それ以前に明らかになった自民党と統一教会の癒着問題が原因というよりも、岸田政権の政策は「改革的」ではないという見方によるものが大きいと考えられます。さらに、多くの若者は生活が苦しいので増税に対する拒否感が強いということもあります。

⑦ 若者が政治に関心を持ち選挙に行けば政治は変わる

では何故、与党の支持率が下がっているのに立憲野党は支持率が高まらないのでしょうか。若者は「改革」を求めていることを述べましたが、「改革」には「新自由主義的改革」もあり、「福祉国家主義的改革」もあります。高齢者はかつての日本型福祉社会を経験していますが、若者たちの多くは生まれた時から新自由主義の社会に生きていますから福祉主義社会を知りません。比較すべきモデルを知らないので比較することはできません。

新自由主義的改革は「民営化」「規制緩和」「自由競争」「国の介入を抑える」など心地よい響きがあり、だから多くの国民も小泉政権からの新自由主義改革を支持してきました。福祉国家主義と比較することもできない若者たちは「改革」と言われたときに惹かれていくのは当然なのです。その「改革」の本質が若者や弱者を苦しめていることを知るには、「世界幸福度ランキング」

で上位を占めている北欧諸国の福祉国家主義やかつての日本型福祉国家時代のことを学習するしかないのです。立憲野党が「憲法を守れ」「福祉を守れ」「平和主義を守れ」と声を上げても、「野党って『守れ』だけ言って、改革してくれないんだね」と受け止めている若者が多いのです。「それでは、新聞を読んだり、本で勉強すればよいではないか」と思われるかも知れません。私が授業で学生に聞いたら、25人中、新聞を読んでいる学生は2人だけでした。これは全く一般的な若者の傾向で、ニュースは見てもほとんどがネット・ニュースなどインターネットによる情報です。

ですから、新聞のように論説や解説から学ぶことができず、またアルバイトに追われている日々なので本も読めず、ニュースを表面的にしか把握できないので、アピール性の高い政策を打ち出す政党が心に残ります。大学生と話していて、こうしたことが多くの若者の政治意識を形成している原因と考えます。

若者の多くが、いや大人も含めた多くが利用しているのがインターネット検索による知識です。学校では「情報」の授業を中心にインターネットの利用やSNSの利用についても学び、他人に迷惑をかけないための「情報モラル教育」は行われますが、インターネット検索による知識収集のスキルについてはあまり学びません。インターネット検索は自分が思い込んだ方向や自分が望む方向に向かって検索を進めていき、むしろ視野が狭くなり、公正な知識を得られなくなる危険性があります。典型例として「陰謀論」にのめり込んでいくケースがあります。大学では学問検索のための「CiNii（国立情報学研究所が提供するデータベース）」の検索方法などを学びます。

現在、市民がデジタルツールを使いこなして社会に参加するための知識や能力を獲得していく「デジタル・シティズンシップ教育」が注目されています。（坂本旬他2022）

ＳＮＳの利用によって若者が選挙運動に参加して大きな力を発揮していることが韓国では知られています。2013年の大統領選挙で文在寅候補を当選させた大きな力になったのは20代・30代の若者の6割もの支持で、相手の朴候補の支持率の2倍でした。この時の20代の投票率は65％で、日本の20代の投票率の倍でした。2011年のソウル市長選から選挙におけるＳＮＳの活用は本格的に始まり、若者の政治参加は高まりました。日本の若者もＳＮＳによる政治参加は広がりつつあります。

若者の選挙参加によって政治の変化が生まれています。

2022年の参議院選挙東京選挙区で定数6人のうち3位当選した日本共産党の山添拓候補は前回2016年より約2万票上乗せの68万5千票余りの得票で3位当選（定数6人）でしたが、各メディアの出口調査で、山添候補の得票は無党派層（13・2％・共同通信調査でトップ）と女性（14％・日本テレビ調査でトップ）、10代（11％・日本テレビ調査でトップ）・20代（14％・朝日新聞調査でトップ）でした。若者の投票率が高かったのです。

また、2023年の東京都の区議選当選者で杉並区では定数48人のうち女性が24人を占めました。自民党が改選前の16議席を9議席に減らしたのに対し、立憲民主党は倍増の6議席で日本共産党も6議席を維持しました。投票率は前回より4・19ポイント上昇し、2万人増えました。ここでも女性と若者の投票率が高まりました。やはり若者の投票率が大幅に上がった練馬区では、30代が前回から4・28ポイント、20代が3・45ポイント上がり、この30代と20代で約6000人増加しました。結果は自民党と公明党の現職が何人も落選して女性や若者の議員が増えました。区議選での結果から、日本若者協議会代表理事の室橋祐貴さんは「若者が投票に行ったら選挙結果が変わることが明らかになった」と述べています。

⑧管理から自治への転換で民主主義的主権者を育てる

大学の授業で、欧米の学校運営への生徒参加について学習しましたが、学生たちは生徒の意見表明権を学校で保障して、学校運営に参加できる（三者協議会など）ようにして、学校や社会は「変えられる」という体験をつくっていかないと主権者意識は向上していかないと述べていました。

現在の世界の若者世代を分析した『ジェネレーション・レフト』（斎藤幸平監訳）で著者のキア・ミルバーンは、欧米の「左派世代」と呼ばれる多くの若者の誕生と、また排外主義の「ネオ・ナチ」政党に惹かれていく若者の誕生について、「保守主義は受動的出来事によって可能性が閉ざされていることで生まれやすく、そこには右翼的な物語が根を下ろしやすい。左派は新たな可能性が広がり、それによって新しい諸集団が自治に参加できることが必要である」としています（キア・ミルバーン2021）。子どもの意見を聞かず規律ばかりの管理主義教育は、校則などを「変えよう」とした子どもに挫折体験と無力感を与えて自己肯定感を下げ、「自発的隷従」（エティエンヌ・ド・ラ・ボエシ２０１３）や忖度《そんたく》する人間を育てます。若者の多くが「学校を良くしよう、社会や政治を良くしよう」と思わなくなっている原因はここにあるのです。『教育』２０２３年1月号で現場の高校教師が、生徒たちは「権力者への批判をタブー視している」「憲法とは国民生活を制限するものだと思っている」という状況を報告しています。（菅野真文２０２３）

後述しますが、ドイツでヒトラーのファシズムについていった国民の心理を分析した『自由からの逃走』を書いた社会心理学者のエーリヒ・フロムは「不安や無力感を抱えた大衆が強い権力者に服従していく」と分析しています。

反対に子どもの意見が尊重されて学校運営や地域づくりに参加して「努力すれば学校も地域も変わる、そして社会も変わる」という体験のできる自治活動は子どもに成功体験を与えて自己肯定感を高め、民主主義的な自律した人間を育てると考えます。憲法学習は国民の権利についての学習であることを明確にして学習させていくことが必要であると考えます。

そして、敵基地攻撃能力保有と大軍拡を内容とする「安全保障三文書」という戦後の安全保障政策の大転換を内閣だけで決めて、国会や国民への説明の前に米国大統領に報告して褒めてもらうという従属国ぶりと、それを許している国民の「自発的隷従」意識について、つまり独立国とは何か、主権国家とは何かを考えることのできる政治的教養の教育が求められていると考えます。

⑨若者の自己肯定感（自尊感情）を高める

上記で述べた自己肯定感（自尊感情）について補足説明します。日本の子どもの自尊感情は先進国で最下位ですが、それは「競争と自己責任」教育によって、多くの子どもが社会的自尊感情（他人との比較で感じるもの）を低下させているからです。同時に誤ったエリート主義者も生んでいます。大切なことは、基本的自尊感情（他人との比較ではゆるがないもの）を育んでいくことで、それは他人との共有感覚（誰かと同じ体験をして共感することが自分をありのままに認めることにつながる）から生まれるのです。それは、子どもの権利条約の参加と意見表明が保障された自治活動（生徒会活動や地域づくり活動）や自主活動（例えば高校生平和ゼミナールなどの活動）で共同体験をつくっていくことによって育まれていくのです。

⑩ 高校の公民科・地歴科に望む社会認識の学習課題

私の授業から見えた大学生の社会認識です。

a. ウクライナ侵略や「台湾有事」を煽《あお》っての軍拡宣伝のなかではあるが、平和憲法の学習は根づいていて、「軍拡賛成」は少ない。
b. 核抑止論ではなく、非核三原則や核兵器禁止条約を支持している。
c. 日本の侵略戦争の実態については「よく知らない」が多数いる。
d. 国連と国連憲章、国際法・国際人道法の学習が必要。
e. 改憲案の「自衛隊の九条への明記」「緊急事態条項」について、国民の理解不足と同じく、その本質やねらいを理解していない。

f．「改憲」「改革」などに惹《ひ》かれ、その内容（国家主義的かつ新自由主義的改革）を知らずに支持している。

g．右派ポピュリズム政党の宣伝に惹かれ、政策を知らないで支持する傾向がある。自分で考えて投票できるよう各政党の政策学習が必要。欧米のような実際の政党名での模擬投票が効果的。

h．「高校生の政治活動」が認められていることや主権者としてのデモの権利などの学習が必要。

i．欧米のような校則改善などの学校運営への参加体験による主権者教育が「こども基本法」「生徒指導提要の改定」で可能になり、その実践が求められている。

子どもの権利条約、特に生徒の意見表明権の保障が、2023年に発効した「こども基本法」と2022年12月に改定された文科省「生徒指導提要」（改定）に明記されました。日本政府が子どもの権利条約を批准してから初めてのことです。これらを使って、学校内民主主義をつくり、学校運営への生徒参加によって自治的・民主主義的な主権者を育てていくことが日本の教育の喫緊の課題であると考えます。

2、若者と議論した「新自由主義」「民主主義」「新しい戦前」

私は大学の授業で主権者を育てる教育として、若者たちのもっている社会認識が正しいのか考えさせる授業をしてきました。かつては大学では1学年で教養課程（リベラル・アーツ）を学び、2学年から専門課程に進んだのですが、今では最初から専門課程に進んでしまう大学が多いために広い教養が獲得できず、社会認識、特に政治的教養が乏しく狭い認識への思い込みが強いからです。それで、授業では哲学者ソクラテスの「問答法」的方法で進めていきました。まず学生たちに例えば「新自由主義」についてどう思っているか発言してもらいます。「新自由主義は良い」という意見が多いですから、それが正しいかどうか調べてくるように言います。ほとんどの学生がネット検索で調べてきて、「新自由主義の良さ」で検索する学生が多く、「新自由主義のメリットとデメリット」で検索する学生も少数います。ネット検索では、どうしても自分の考えが正しいことを証明する方向に向かっていきます。調べてきたことを発表してもらい、次に私から資料を出して「国民にとって新自由主義は良いのか」考えてもらいます。こうした進め方で若者の持つ漠然とした社会認識・政治認識についてそれが正しいのか検証していきます。大学における学問は真理追究ですから、高校までのような「教育の中立性」という縛《しば》りはありませんが、私は学生が学び・調べ・議論することによって自分自身の考えを持てるようにしていくことをめざしてきました。

⑴ 新自由主義改革は国民を幸せにしたか

若者たちが「改革」を望んでいることについては前述しました。若者たちの安倍政権支持が6割台という高い支持率で続いてきたのは保守的・国家主義的政策への支持ではなく、「改革」支持だったのです。その「改革」は新自由主義政策による「改革」でした。授業では、学生たちが考える新自由主義改革の良さをまず挙げてもらい、次に私は2000年からの20年間で本格化した新自由主義改革によってどのように国の諸体制が「改革」されたのか、次頁の「改革」一覧表を学生たちに見てもらい、また新自由主義のバイブルとも言われるM&R・フリードマン著『選択の自由――自立社会への挑戦』も読むことを勧め、議論していきました。

学生たちが調べてきて挙げた「新自由主義改革」の例は、安倍政権が掲げた「地方創生」「女性の活躍推進」「一億総活躍社会」「人づくり革命」「働き方改革」「生産性革命」「ローカル・アベノミクス」「第4次産業革命」「ソサエティ5・0」、また一見すると福祉国家主義とも思われる「全世代型社会保障」「年金100年安心」「教育無償化」などでした。しかしこれらのアピールされた「改革」は実際にはどうなったのか、さらに調べてもらい、私は資料を説明しながら議論していきました。

新自由主義政策によって「改革」された諸体制

（20年間の変化）

① 保健体制――保健所を半数にしてしまった　全国850→472（東京都71→31）

② 医療体制――感染症病床を激減させた　全国9,060床→1,869床

③ 自然保護体制――国有林管理の営林署職員を1/14に削減　81,000人→5,700人

④ 防災体制――全国の測候所を無人化・自動観測にしてしまった

⑤ 研究体制――国立大学への運営交付金を毎年削減し、すでに16％（1600億円）削減（「世界のトップ研究」4→12位に転落）

⑥ 教育体制――国立大学の授業料は、1970年から45倍に上がる

⑦ 社会保障体制　　国民の負担は倍増　年金保険料　月8400円（1990年）→月1万6540円（2020年）　国保料・税　年6.2万円（1990年）→年9.6万円（2020年）　介護保険料　月2911円（2000年）→月6014円（2021年）　第二次安倍政権の7年間だけで、社会保障費4.3兆円削減、年金支給額2兆円削減

⑧ 税金は、大企業は法人税減額　37.5％→34.5％（1998年）→30％（1999年）→25.5％（2012年）→23.9％（2015年）→23.4％（2016年）→23.2％（2018年）

⑨ 国民は消費税増税　0％（1989年）→3％→5％→8％→10％　・大企業は輸出するほど消費税分が戻り収入になる。

⑩ 実質年間賃金は25年間で64万円下がった。

⑪ 雇用・労働の規制緩和――非正規雇用（2065万人、うち不本意非正規雇用労働者数214万人）、労働者派遣法（1985年から、209万人）

（宮下作成資料）

学生たちは「高校までの規律や生徒会活動への学校の介入などがイヤだったから、規制緩和や国の介入を減らすなどの新自由主義のイメージが良かったけど、それは企業の自由競争や派遣労働などの規制緩和のことで、国民の自由のことではなかった」「次々に打ち出された『改革』で何がよくなったのか調べたが結果はよくわからなかった」「民営化によって国鉄などの赤字部門が国民の負担でなくなったので新自由主義改革はよいものと思っていたが、考え直した」「自由競争はいいと思っていたが大企業に有利な競争とわかった」「新型コロナ感染拡大になぜ日本では保健所も病院も対応できず大変だったのかわかった」「地球温暖化で毎年大きな災害が起きているのに、自然保護体制や防災体制を壊してきたことがわかった」「大学の授業料がヨーロッパの国々では無償だというのに、政府は『教育無償化』と言いながら何故日本の大学の授業料が高いのか、その原因がわかった」「実質賃金が64万円も下がり、今では韓国よりも賃金が低いことに驚いた」「大企業やお金持ちの税金がどんどん下げられ、国民には社会保障のために使うと消費税が上げられ続けたのに社会保障がこんなに下げられ、貧困や格差は国がつくっていることがわかった」「東京都内でも、全世帯の平均年収が足立区は３４７万円で、港区は１２１７万円であり、その格差は８７０万円もあることがわかった」「『選択の自由』を読んだが、福祉国家や労働組合などへの攻撃ばかりだった」などの意見が交わされました。「改革」というイメージではなく、「改革」の中身で判断できる政治的能力の獲得が必要です。

(2) 日本は民主主義国なのか

授業でプーチン大統領によるウクライナ侵略戦争について国際法・国際人道法で考えていった時に、なぜロシア国民はプーチン大統領の独裁化を許し、また80%もの国民が戦争を支持しているのか考えました。その時、「日本は北朝鮮やロシアのような独裁国家ではなく、民主主義の国で良かった」という意見が出ました。そこで、世界と日本の民主主義について考えました。

まず、オックスフォード大学の下の資料を見せて、議論しました。

学生たちは皆、「わずか数年で世界の半数から29%に民主主義国に住む人口が減ったなんて驚き」という反応でした。私は「ロシアや中国はクーデターでいきなり独裁国になった訳では

「2017年以降、世界の民主主義国の人口は
50%→29%に激減している」

オックスフォード大・国際統計サイトより

2021年現在の199ヵ国・地域のうち

① **民主主義の国（90ヵ国・地域で、人口23億人で29%）**

自由民主主義国　34ヵ国・地域（欧米・韓国・日本など）

選挙による民主主義国　56ヵ国（モンゴル・メキシコ・チリなど）

② **非民主主義の国（権威主義国。109ヵ国・地域で、人口55.6億人で71%）**

選挙による独裁国　63ヵ国（ロシア・トルコ・インドなど）

閉鎖型独裁国　46ヵ国・地域（中国・北朝鮮・ミャンマーなど）

なく、次第に民主主義が失われていったのであり、これは世界的な傾向なのです。なぜでしょうか」と学生と共に考えていきました。

アメリカでドナルド・トランプ大統領を支持した国民はほぼ半数です。民主主義よりも強いリーダーを望む傾向はトランプ氏登場前からすすんでいたのです。アメリカでは「議会や選挙を顧みなくてもよい強いリーダーが望ましい」と考える市民の割合は1995年には24%だったのが、2011年には32%に増加し、「政府ではなく専門家が国のために最善だと考えた結果に基づいた決定が望ましい」と考える市民の割合は36%から49%に増加しているのです。特に裕福な層では「軍による統治」が「よい」「とてもよい」の合計が1995年には5%だったのが、2011年には16%に増加し、それが裕福な若者の間では6%から35%に増加しているのです。

ヨーロッパの裕福な若者の間でも6%から17%に増加しています（ロベルト＝ステファン・フォア／ヤシャ・モンク2020）。トランプ大統領を支持したのは、かつて栄えた鉄鋼業地域が衰退した「ラスト・ベルト」地帯に住む労働者たちが知られていますが、全国的に権威主義的な「強いリーダー」を求める国民が増えたのです。ヨーロッパ各国で極右政党が支持率を高めているのも、移民・難民に対する排外主義を支持する国民の増加とともに、権威主義的な「強いリーダー」を求める国民の増加が背景にあるのです。

それでは、なぜ民主主義より権威主義という独裁化を人々は求めるようになっていくのか、私はまず映画『THE WAVE』を学生たちに観せました。この映画は1967年にアメリカ・

カリフォルニアの高校で社会科の授業として「独裁政治」を学ぶという体験学習を1週間実施した結果起こった実際の話を元につくられたものです。この1週間で大半の生徒たちは独裁化を自ら求めていき、その危険性に対して警告した少数の生徒を迫害していったのです。学生たちの感想は、「自分たちで進んで団体名（WAVE）をつくり、制服をつくり、規律をつくっていき、規律を守らない者は制裁するという過程が、ファシズムができていく過程で怖かった」「たった1週間でほぼ全員がすすんで独裁化していったのに驚いた」「独裁化の進行が、制服化、規律強化、団結化と、まるで日本の学校を見ているようで考えさせられた」「周りが皆、独裁化を支持していくなかで、同調圧力に抗して反対することはとても勇気のいることで私には無理だと思った」などでした。

次に、エーリッヒ・フロムの『自由からの逃走』、ハンナ・アーレントの『全体主義の起源』『イェルサレムのアイヒマン』のうちから一冊を選んで読んでくるように指示してから議論しました。『全体主義の起源』（3巻）は長くて読んでくる学生はいなくて、多くの学生は『自由からの逃走』を読んできました。エーリッヒ・フロムもハンナ・アーレントもユダヤ人でナチスの手を逃れてアメリカに亡命しました。『自由からの逃走』は、人々がファシズムに強制的に従わされるのではなく、人々が自ら求めて権力者に従っていくという心理を分析した名著です。「自由」とは自分で自分のことを決めていくことであり、そこには自己責任や孤独感が伴います。しかし、貧困や失業などで無力感にとらわれ、また戦争などで悲観論にとらわれている大衆は安定・安心を求めて強いリーダーについて行こうとします。つまり「自由」から逃げて「自発的服従」の道を選ぶのです。

学生たちは「自由や民主主義は理想的だが、実は自分で自由を保持し、民主主義的に生きることはとても大変だと思う」「昔は東京では高校で私服が多かったのを高校生が制服を望んで変わっていったと授業で聞いた。私服という自由は毎朝何を着ていくか考えなくてはならず、また他人からどう見られるか気にする。それが皆と同じ制服なら楽で、また安心できる。就活や入社式で皆が黒のスーツを着るようになったのも同じだと思う。私たちも自由から逃走していると思う」「強いリーダーを求めるということだが、安倍首相は『強い日本』と言っていたし、トランプ大統領は『強いアメリカ』と言っていた。不安感や無力感をもつ国民が求めていることを言っていたと思う」と発言しました。

『イェルサレムのアイヒマン』を読んだ学生は、「この本の主人公であるアドルフ・アイヒマンはユダヤ人を数百万人強制収容所に移送した責任者で、戦後アルゼンチンに逃亡していたのをイスラエルの諜報特務庁（モサド）によって捕まり、イスラエルで裁判にかけられました。その裁判を傍聴した哲学者のハンナ・アーレントが書いた傍聴記で、世界中の人々がアイヒマンを凶悪な怪物と考えていましたが、アーレントは『アイヒマンは冷酷無比な悪魔のような男ではなく、組織の歯車として働く平凡な小役人のような男だった』と発表しました。すると世界中の人々、特にユダヤ人から『アイヒマンを擁護するのか』とバッシングを受けました。

しかしアーレントは、『アイヒマンは思考停止をしていた。思考ができなくなると、平凡な人間が残虐行為に走るのです』と書いていて、『悪の凡庸さ』と言っています。モサドが逮捕した時に、アイヒマンと断定した決め手は、彼の結婚記念日に妻に花屋で花束を買ったことで、ここからも極悪人でないことがわかると言われています。ファシズムについていった国民も、残虐な殺人を行った人も『思考停止』していた平凡な人々だったのです」と報告してくれました。

「それでは、今の日本の民主主義はどうでしょうか」と聞くと「日

日本の民主主義は大丈夫か

① 教育管理体制　教育基本法に「愛国心教育」と「規律教育」が入る

② メディア支配　「世界報道の自由ランキング」11位→68位　高市総務大臣の「電波停止」発言以降、古館・国谷キャスター・有馬アナウンサー等排除

③ 国民監視体制　「秘密保護法」「共謀罪」「通信傍受法」

④ 官僚支配　内閣人事局による政権の人事支配で忖度・改ざん等不正続出

⑤「安保法制」「安保３文書」による軍事大国化・戦争準備の動き

⑥ 防衛省が「反戦デモ」を弾圧対象と勉強会の資料で配布(2020年)

⑦ 改憲案の「緊急事態条項」で国民の権利は停止できることになる

⑧ 国民の声を聞かない岸田政権 ── マイナ保険証、原発処理水放出（漁連との約束反故)、沖縄の基地問題など

(宮下作成資料)

本の民主主義は大丈夫だと思うが、少し心配になってきた」「日本の政権はロシアや中国と違って、民主主義を大事にしていると思う」などの意見が出ました。次に、私から前頁の資料を配り説明しました。

学生たちからは「知らないことばかりで、びっくりした。社会を知らないことがわかった」「古い憲法は変えたほうがいいと思っていて改憲賛成だったが、悪い方向に変えられようとしていることは知らなかった」「麻生副首相が、『ドイツでは国民が気づかないうちにナチス憲法に変わっていた、あの手口を学んだらどうかね』と発言して問題になったが、私たちが気づいていないのは怖いと思う」「報道ステーションの古館さんたちが政府からの圧力で降ろされていたことには驚いた」「国民監視体制は中国やロシアに近づいていると思う」「憲法は国民の権利が定められていると授業で知ったが、天皇や国会議員は憲法を守らないといけないと定められていることは知らなかった」「憲法に、憲法が保障している国民の自由と権利は国民がいつも努力していないと守れないと書いている意味がわかった。いつの時代も権力を持った人たちは国民の自由と権利を奪おうとしている」などの発言が続きました。

(3)「新しい戦前」と言われている日本は戦争するのか

２０２２年12月に政府が「安保３文書」を閣議決定してから南西諸島などのミサイル基地化が

急激にすすめられて、「徹子の部屋」に出演したタモリさんが黒柳徹子さんの「来年はどんな年になるでしょう？」の質問に「新しい戦前になるんじゃないでしょうか」と答え国民に警鐘を鳴らしました。学生に「日本は平和ですか」と聞くと、みな「平和」と答えました。そこで、下記と119頁の2つ

「平和憲法の国」から「戦争する国」体制への変化

- 2007年1月　防衛庁→防衛省（自衛隊軍隊化へ地歩固め）
- 2013年12月　国家安全保障会議創設（戦前の最高戦争指導会議に相当）
- 2014年4月「武器輸出3原則」を撤廃
- 2014年7月「集団的自衛権」行使容認の閣議決定（米国の戦争に参戦）
- 2015年4月「日米防衛協力のための指針」改定（日米の軍事的一体化）
- 2015年6月　文官統制の廃止（改正防衛省設置法12条）
- 2015年9月　安保法制（戦争法）可決（集団的自衛権、平時も米軍を防護）
- 2015年10月　防衛装備庁設置（武器開発・輸出・調達の軍産複合体化）
- 2015年度　軍事研究へ補助制度（年100億円）→学術会議が「しない」
- 2018年12月「新防衛大綱」（「戦う自衛隊」に、軍拡）
- 2019年3月　南西諸島にミサイル基地の着工
- 2022年12月「安保3文書」で「戦争する国」体制へ

（土岐直彦『南西諸島を自衛隊ミサイル基地化―対中国、日米同作戦計画』かもがわ出版 を参照し作成）

の資料を見せて、議論しました。

「世界で戦争が続いていて、次は日本だと政治家は言っているので軍事費を増やすことは賛成と思っていたが、こんな戦争準備が進められているなんて全く知らなかった、怖い」「日本を守るための軍事費増額は仕方ないと思っていたが、5年間で43兆円、そして世界3位の軍事費が続くなんて。今でも1200兆円、国民1人当たり1000万円の借金国なのに、私たちがそれを背負っていくことは無理だと思う」「ウクライナの戦争が早く終わるように願っていたが、まさか日本が戦争に向かっているなんて考えもしなかった」「どうして中国と台湾の国内問題で日本が戦争しなくてはいけないのか。米軍が戦争すれば集団的自衛権で日本も参加しなくてはならないとのことだが、戦争を否定している憲法九条はどうなるのか」「日本の防衛のためでないのに、全国の自衛隊基地も戦争の基地にされるなんてとんでもないことだと思う」「ロシアの戦争を見ていて、国際法で禁止している学校や病院も攻撃していて民間人が犠牲になっている。戦争予想で日本人の犠牲者だけ発表してないのは大変な犠牲者が出るということだと思う」「日本を戦場にするようなことには絶対反対。平和憲法を守って、紛争は外交で解決すべきだと思う」などの意見が出されました。

バイデン大統領は「台湾有事の時は、アメリカは台湾を防衛する」と過去3回発言していて、麻生自民党副総裁は2023年8月8日に台湾で、「いざとなったら、台湾の防衛のために防衛力を使うという明確な意思を相手に伝えることが抑止力になる」「(2024年1月の総統選で)

「安保３文書」による戦争体制づくり

① 安全保障関連３文書改訂は、日本が戦争する国家に変貌する。明文改憲でなければ許されないほどの重大な変更。

② 敵基地攻撃能力の保有は、「専守防衛」の原則を根本から覆す。

③ 防衛費倍増（2027年度にＧＤＰ比２％）で、日本は世界第３位の軍事費大国となる。

④ 殺傷能力のある大型兵器の輸出は、日本製の武器で他国の人々が殺傷されることになり、日本の国際的信用を失う。
（以上は、憲法学者や政治学者らの「平和構想提言会議」による批判）

⑤ 沖縄本島、奄美大島、宮古島、石垣島、与那国島に自衛隊のミサイル基地を設置。

⑥ 中国との戦争では、国内の米軍基地と、283ヶ所の自衛隊基地・駐屯地を戦争の基地として使うために地下シェルターをつくり核・生物・化学兵器攻撃を想定する。

⑦ 全国130ヶ所に敵基地攻撃ミサイル保管の大型火薬庫を建設する。

⑧ 全国29自治体の民間の空港・港湾も戦争に使用する。

⑨ 米国の「戦略国際問題研究所（CSIS）」が台湾有事の際には、在日米軍と自衛隊対中国との戦争になり、日本列島は攻撃されるが勝利するというシミュレーション結果を2022年１月に発表。自衛隊は戦闘機112～161機と艦船26隻を失う。米軍は１万人の死傷者と発表したが、日本の死傷者のみ発表しなかった。

（宮下作成）

台湾の総統になられる方にも、われわれと一緒に戦っていただけることを心から期待する」と講演で発言しました。アメリカの軍事研究所の米日対中国の戦争のシミュレーションと同じことを発表したもので、同行していた自民党政調副会長は「(この発言は)内閣と打ち合わせの上だ」とメディアに答えています。共同通信の全国世論調査の結果(2023年5月7日発表)では、安保3文書を「全く知らない」が25%、「あまり知らない」が51%と報道されています。国民が知らないうちに戦争準備が進められていき、突然戦争が始まったというロシアと同じことにならないようにするためには、国民が政治に関心を持ち、常に権力を監視していくこと、そうした政治的能力を国民が身につけていけるような主権者教育・政治教育が求められています。

3、社会参加する高校生たち

(1) 学校運営への生徒参加で主権者に――長野県辰野高校

第4章で述べたように、欧米のシティズンシップ(民主主義的な市民に育てる)教育では、①公民科教育を中心とした現実の政治・社会問題を含む知識の学習と、②学校運営や地域づくり・社会問題解決への参加体験の両面で取り組まれ、若者が知識を生きる力にできるようにしています。

日本においては、①についての実践をしてきた学校は多いですが、前述したように課題も多いです。②についての実践は少なく、さらに学校運営と地域づくりの両方に生徒が参加している学校は、私の知る範囲では長野県の県立辰野高校と和歌山県の県立粉河《こかわ》高校しか知りません。粉河高校では生徒が「三者協議会」を通じて学校運営に参加していて、また「ＣｏＣｏ塾」の活動で地域づくりに生徒が参加しています。

ここでは、私が提案して始まり、関わってきた辰野高校の実践について紹介します。

長野県辰野高校では憲法施行50周年の１９９７年に、学校憲法宣言（学校づくり宣言）を生徒会、ＰＴＡ、職員会の三者でつくっていき、学校運営を憲法、教育基本法、子どもの権利条約の精神に基づいて三者ですすめていくという宣言をあげ、そのための話し合いの場として「三者協議会」を設置しました。生徒会は「子どもの権利条約」で定められている「意見表明権」が保障され、三者協議会に参加して学校運営についての提案や要望を出すことができるようになりました。欧米ではそうした学校運営への決定権を持った生徒の参加が法律で制度化されて何十年も前から（フランスが最も早くて１９６８年から）保障されてきましたが、日本には現在もそうした制度はありま

辰野高校三者協議会の生徒たち

せん。

三者協議会は学期ごとに年3回（現在は年2回）実施され、ここに生徒会は全校生徒にとったアンケートをもとに校則、教育課程、施設設備、授業についての改善要望を提出してきました。提出された要望は職員会議、PTA会議で検討され、三者協議会で話し合って三者で合意されると、それが職員会議で承認され実施されることになります。

校則については、生徒会は長期休業のみ許可されていたアルバイトを平日もできるよう提案して話し合いを続け、部活動や家庭学習に支障のない土日・祭日を許可する（経済的に苦しい家庭は平日も許可）ことが合意されて校則が改善されました。また、服装についても2年間話し合いを続け、新しい制服にして全員が購入するが、普段は私服でもよいという「標準服」の導入が決まり、デザインは生徒会が2回の制服ファッションショーを開催して三者の投票によって決定されました。この話し合いで大切にされたのは、少数者の意見を排除しないということで、制服を希望する生徒の意見も、私服を希望する生徒の意見も両立できる「標準服」になりました。

施設設備については、体育館などの施設からトイレにいたるまで生徒会が全校生徒に改修・改善要望アンケートをとり、重点要望をまとめて生徒会は提出します。その要望に対して学校は県に改修要望するもの、需用費で改修するものに分けて、三者協議会で回答します。この話し合いを通じて、生徒たちは厳しい教育予算の現実や財政運営についても学んでいます。

授業については、現在では生徒による授業評価ということが全国的に行われていますが、そこには塾のように顧客である生徒が教育サービス業である教員の授業を評価するという面があり、それは新自由主義的な消費者的評価であると言えます。辰野高校では、生徒と教師がともに授業についての改善要望を出し合い、それについての回答をし合い、年度末には自己評価し合うということを続けてきました。ここには、生徒は学習権をもつ学びの主体であり、教師も教える専門職としての主体であり、共同して授業を改善していくという考え方があります。この方式だと共に主体として成長していけるのです。辰野高校の三者協議会は東京書籍の高校公民科教科書「公共」に写真入りで紹介されています。(宮下与兵衛2004)

東京都世田谷区にある私立・大東学園高校は辰野高校などの三者協議会を見学して三者協議会を2003年から実施しています。近年、「ブラック校則」など校則が社会問題になるなかで、大東学園高校は「校則づくりに生徒、保護者が参加する学校」としてNHKはじめ新聞各紙がその三者協議会を報道しました。

私は東京都立大学で教員免許取得のための教職課程科目「教職実践演習」の授業の学外実習で、毎年大東学園高校の三者協議会に学生たちを連れて行き見学させてレポートを提出させてきました。次のレポートは2022年に教員採用試験に合格した女子学生のレポートの一部です。

「驚いたことは、想像以上に生徒と教員が対等な立場で意見を言い合っていたことだ。私自身が中高生だったときは、似たようなことを思っていても友人間の愚痴レベルで止まってしまうか、非公式な場で先生に伝えて、あやふやにされて終わりということが多かった。データを集め根拠のある理由を示し、公の場で表明することで愚痴は意見へと昇華できること、そして、それが認められれば環境が変わるという実感。民主主義が正常に機能している社会を初めて目にしたように感じた。春から教員になる身として、生徒・保護者からの耳が痛くなるような意見がいくつもあった。しかし、誠実に向き合えば、この三者協議会は教員にとってもプラスに働くはずだ。生徒は権利の主張をしたからには、それが保障されれば、自分たちも真剣に向き合わなければならない。三者協議会のような場で、具体的な現状や問題点、改善案などを共有し、定期的に共通認識をアップデートしていくことで、協力関係を築いていけるのだと思う」。

子どもの意見表明権を保障して学校運営に生徒が参加できる三者協議会を実践してきた学校からは次のような教育的効果が報告されています。

a. 教職員・児童生徒・保護者に開かれた民主主義的な学校づくりがすすめられる。
b. 「子どもの権利条約」にある児童生徒の参加と意見表明の保障がすすめられる。
c. 三者の話し合いによる合意で校則や授業、施設設備が改善されていく。
d. 教育の専門職である教員と、学習権をもつ児童生徒と、子どもの教育権をもつ保護者の三者が学校づくりの当事者となり、共同がすすむ。
e. 生徒は学校づくりに主体的に参加して主権者意識が向上する。
f. 児童生徒は話し合いへの参加で、自分たちの意見や要求をとりまとめる力、プレゼンテーションする力、議論する力、問題解決する力を向上させる。

g．学校内の問題が公開化されるので、いじめや教師による体罰やハラスメントが減少する。

⑵ 地域づくりへの生徒参加で市民に育つ――長野県辰野高校

辰野高校では1997年の三者協議会発足とともに、地域住民が授業を見て、そのあとで、学校づくりとまちづくりについて、生徒、保護者、住民、教職員が話し合いを行う「辰野高校フォーラム」を発足させました。これは生徒の電車内や通学路でのマナーなどが悪く、地域から批判されていたからです。

フォーラムでは、町長か副町長が参加して挨拶し、テーマ別の分科会には町役場の市民課、衛生課、まちづくり課などの担当者が参加して生徒と話し合います。この話し合いのなかで、地元の区長さんから通学路へのゴミのポイ捨てを批判された生徒会役員は学校から通学駅までゴミ箱を設置してゴミの回収を始めました。また生徒総会で、各クラス単位でロング・ホームルームの時間に町のゴミ拾いをすることが決まり実施していきました。

するとフォーラムで地域住民から「辰野高校の生徒に町の

「フォーラム」で住民に生徒会の取り組みを説明する生徒会長

行事に参加してほしい」という要望が出るようになり、町の駅伝や公民館の文化祭に参加していきました。また、町の太鼓を習って太鼓部もでき、ジョイント・コンサートも始めました。図書委員会は町の歴史や文化、地形と災害、学校の歴史などを調べて冊子にして、生徒や町民に配布して「辰野町・辰高検定」に取り組みました。また授業でも総合学習で地域の人を講師に頼み、町の歴史・地理・産業・伝統文化などの学習をすすめました。

そして、生徒会は生徒会の方針として「地域との連携」を掲げ、地域の課題について住民アンケートなどで調査して、文化祭で町役場（副町長が参加）、商工会、住民運動の代表などと「まちづくりシンポジウム」を開催してきました。２００３年には製作した「若者にとって理想の辰野町立体模型」を真ん中に、「魅力ある町づくりと市町村合併問題」をテーマに討論しました。ここで、生徒会長は「８割の生徒が合併に反対で、これから地域を担っていく中学生・高校生に合併問題の説明をしてほしいし、決定する投票に参加できるようにしてほしい」と述べて地元新聞で報道され、辰野町は中学生以上の住民意向調査を２回実施し、多くの住民の合併反対で自律の道を選択しました。町はその後つくった「自律と協働の町づくり委員会」の委員に生徒会正副会長を委嘱し、生徒はそこで町づくりについて意見発表していきました。

その後も生徒会は、住民アンケートもとりながら「まちづくりシンポ」を続け、「南信パルプ工場跡地利用について」「町立病院の移転改築問題について」「町のゴミ処理と学校のゴミ分別について」「辰野高校についての住民意識について」などをテーマに住民と話し合いをしてきました。町は赤字の町営プールを廃止し、そこに病院を移転新築する計画を発表しましたが、生徒会による住民へのアンケート調査では不便なその場所への移転には多くの高齢者が反対でした。生徒会長は副町長の前で「子どもたちにとって魅力ある町にするためにも、プールをつぶさないでください。子どもたちが良い町だと思って育てば住みたいとなり、将来の過疎化対策にもなります」と述べ、その後、町は住民意向調査をし、移転先を変更して町の中央部の土地を買い建築しました。

2001年の「フォーラム」で町商工会の会長から「辰高生に、さびれた駅前商店街の空き店舗を無料で貸すから、お店を開いてほしい」という要望が出されました。全国いたる所で駅前商店街がさびれてシャッター通りになりつつあります。これは大型店の出店を規制してきた大規模小売店舗法が日米構造協議を契機に新自由主義的規制緩和されて2000年に廃止され、以降全国的に町部周辺に大型店舗ができて街中の商店街がさびれていったからです。フランスなどヨーロッパでは規制を緩めずに街中の商店街を守っています。

商工会長は商店街に来るのは車のない高齢者しかいないが、子どもも車がないから、高校生が子ども向けの物を扱えば集まると考えたのです。

要望に応えたいと商業科の生徒たちは経営が成り立つか、町内の商店を歩いて調査しましたが無理と判断し、商店街活性化のために商店街駐車場でのフリーマーケットなどに取り組み、若者を集めました。

その後は、まちおこしを目的に、商業科の生徒が町内の製菓会社や弁当会社などと共同した生徒のアイデアによる商品開発に取り組んできました。生徒が考えたお菓子を地元の製菓会社に製造してもらい、パッケージも生徒がデザインして、長野県内のスーパーで販売してきました。生徒のアイデアによるリンゴ味のクッキー「チョコっとリンゴクッキー」や「チョコっとサクッとブルーベリー」などを販売し好評でした。

そして2012年からは商工会の「未来経営人育成事業」の補助金を得て、念願のコミュニティ・カフェを冬期間の休日に開店してきました。生徒が考えたコンセプトは、「冬期間家に閉じこもっている一人暮らしのお年寄りたちが集い、お茶を飲みながら話せる場所にしたい」でした。お茶やコーヒーは無料で、地元の食堂や弁当屋と商品開発した「ホタル丼」（辰野町は蛍で有名）や「辰高バーガー」などを食べながら会話を楽しみ、帰りには生徒たちが地元の製菓会社と開発したお菓子などをお土産に買って帰れると喜ばれてきました。また商業科の生徒たちは町の施設で町民対象の簿記・パソコン教室を開いて教えてきました。

かつては通学マナーの悪さなどで住民と関係の悪かった

辰野高校の生徒によるコミュニティ・カフェ

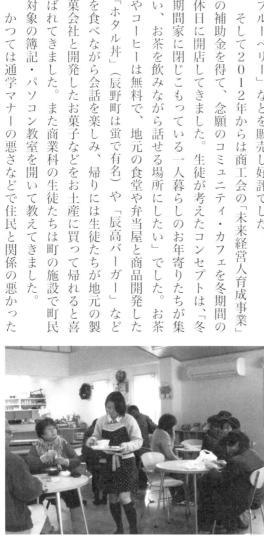

生徒たちは、こうした活動によって住民と明るく挨拶を交わすようになり、市民として成長していきました。「フォーラム」では商店街の薬局の店主が「商店街の年寄りたちは、いつ店をたたむかというような話ばかりだったが、辰高生が活動してくれて元気をもらい、もう少しがんばろうと言い合っています」と発言すると、生徒たちは「私たちは町のみなさんから褒められたからがんばっています」と発言しました。お互いに励まし合える（エンパワメント）関係に変化してきたのです。

辰野高校生徒会が三者協議会とフォーラムの発足から10年目に、卒業していく3年生にとったアンケートがあります。そのなかで、「社会の主人公としてより良い社会をつくるために活動したいですか」という質問に、普通科の生徒と商業科の生徒の平均で約60％が「活動したい」と答えていました。市民としての主権者意識が高くなっていることがわかります。（宮下与兵衛 2014）

新型コロナ禍などで現在は「フォーラム」と地域活動の形は以前と変わっていますが続いていて、長い間続けてきた生徒たちの地域活動は、アメリカのサービス・ラーニング（地域に子どもたちを出してボランティア活動や地域づくり活動を大人と一緒にさせることで市民に成長させるアメリカの伝統的な教育）型のシティズンシップ（市民に育てる）教育によく似たもので、市民としての成長につながっています。

フォーラムと生徒の地域活動は、次のような効果をもたらしました。

a．生徒と地域住民との話し合いは、生徒の通学マナーなどが原因で悪かった関係の改善につながり、生徒たちが地域の文化活動、地域づくり活動に参加していく契機になった。

b．生徒と住民の協働の活動により、自己肯定感の低かった生徒たちは活動が評価されて、またさびれた商店街で展望の持てなかった住民たちは生徒の活動によって、お互いにエンパワメント（元気づける）され合う関係ができた。

c．生徒会の地域問題調査と住民との「まちづくりシンポジウム」や地域づくり参加によって生徒たちはシティズンシップ（市民性）を向上させた。

d．地域住民との新しい人間関係の形成は学力の向上につながっている。（宮下与兵衛2016）

こうした高校生が学校運営へ参加できる三者協議会や、社会参加できる四者協議会（フォーラム）の活動は全国でも取り組まれていて、毎年その活動交流が「開かれた学校づくり」全国交流集会として行われています。その全国連絡会のホームページでも、全国の取り組みが報告されていますので、ご覧ください。また、どなたでも会員になれます。ホームページは、https://sites.google.com/view/hgzenkokuren/ です。

⑶ 授業から議会請願へ――長野県松本工業高校

2015年に文科省から18歳選挙権の開始に伴って「主権者教育」実施の通知が出され、補助テキスト『私たちが拓く日本の未来――有権者として求められる力を身に付けるために』が全国の高校生に配布されました。このなかには、模擬選挙、模擬請願、模擬議会などが実践推奨例として掲載されています。この通知によって、社会科・公民科の授業や主権者教育で、模擬請願が行われている学校が増えました。その多くが架空の請願ですが、実際の請願に取り組む高校生たちがいます。

長野県の県立松本工業高校の有賀久雄教諭はＮＩＥ（Newspaper in Education）という、新聞を活用した教育の長野県におけるパイオニア的実践家です。新聞を読む若者が激減している現在、授業に新聞を取り入れて社会問題に関心を持たせ、ニュースをネット・ニュースで表面的に知るだけでなく、問題の構造や原因などを新聞の解説や論説で考えることが主権者教育にとって大切です。有賀教諭は２０００年からは授業で「模擬投票」を始め、その投票は架空の候補者や政党への投票ではなく、実際の候補者、政党の政策を生徒に調べさせて比較させ、自分で考えて投票する「模擬投票」を実践してきました。２００８年にはノルウェーの学校視察をして、国会議員が小学校で国会報告をして子どもたちの質問に答える取り組みを見てから、「模擬請願」を実践しています。

有賀教諭の授業では憲法に保障された「請願権」の授業を「模擬」ではなく、「権利行使」として体験させるものです。その請願に取り組んだ高校3年生の今野蓮さんが『２０１８長野の子ども白書』に書いた報告から見てみます。（今野蓮２０１８）

1年生の「現代社会」の授業で松本市の市会議員（松本市議会交流部会の議員）から「高校生からできる政治参加」という出前授業をしてもらい、請願権や請願・陳情の手続きについて学びました。続いて「普段の生活で困っていることを市に請願してみよう」ということで、生徒たちが出したのは、①朝の通勤・通学ラッシュの解消や、高校生の通学費の補助（私鉄の上高地線の運賃が高いため）など、普段通学に利用している公共機関の充実を求める、②自転車専用レーンへの駐車違反取り締まりや、中央商店街に高校生が気軽に停めることができる無料駐輪場を

請願事項（請願の趣旨と理由説明は省略）

1. 高校生や高齢者など交通弱者に配慮した、公共交通の充実に努めて下さい。また具体的な交通政策として、次の3点を行って下さい。
   ①アルピコ交通上高地線の朝の通勤、通学ラッシュを解消する政策を検討して下さい。
   ②同線を利用している高校生が運賃の補助を受けることができる制度を新設して下さい。
   ③JR村井駅の駅舎改築、バリアフリー化に際し、階段やホームでの利用者の安全を確保した改修が行われるよう、市としてJRに働きかけて下さい。
2. 自転車利用者に優しい街づくりをして下さい。
   ①自転車利用者の安全を確保するため、自転車専用レーン上を安全に走行できるような対策をお願いします。
   ②松本城付近や市の中心市街地商店街に無料駐輪場を増やして下さい。

作ってほしい、というものでした。請願書が採択されるようにするために、請願内容についてより詳しく調査し、具体的な説明を入れて作成していき完成させました。

請願書を提出してから所管委員会で趣旨説明することができるので、建設環境委員会で説明し、議員のみなさんから多くの質問とともに「松工生だけの問題ではなく、地域の大勢の人たちにとっても公益性のある要望だ」という意見ももらい、2件とも全会一致で採択され、本会議でも採択されました。これは高校生初の請願書提出でした。

今野さんは、「この請願を通してより政治に関心をもつことができたし、請願書提出は選挙権のない人たちに政治に関心を持ってもらうためのとてもいい方法だと思います。ぜひ学校の先生方も一緒になって高校生の政治参加について考えてみてください」と書いています。政治参加できる能力を生徒につけさせることが欧米の政治教育の目標になっています。ここが日本の社会科・公民科の課題であると考えます。

松本工業高校の高校生による請願活動は、高校で「現代社会」に代わって2022年度から必修になった「公共」の教科書で2社（教育図書と東京書籍）が、政治参加に関するテーマ学習のなかで取り上げています。教育図書の教科書では、同じ松本市内にある松本深志高校の生徒が、部活動での「騒音」をめぐって始めた生徒・教職員・住民（学校の周りの5つの町会）による松本深志高校地域フォーラム「鼎談《ていだん》深志」の取り組みも掲載しています。

⑷ 毎年市議会に陳情してまちづくりに参加——岡山県立新見高校

高校生が毎年、市議会にまちづくりの陳情をしている高校があります。岡山県の新見市にある県立新見高校です。新見市は広島県と島根県に接する岡山県の北端にあり、人口減や鉄道（広島〜新見のJR芸備線）の一部区間廃止案や定員割れによる高校統廃合などの問題を抱えていて、地域と学校の連携がすすんでいます。この高校では主権者教育を「総合的な探究の時間」に行っていて、2年生が議会陳情に取り組みます。これは2017年度から始められ、まず市議会事務局職員を招いて地方自治の仕組みや陳情書の書き方などを学びました。憲法第16条では「何人も……請願する権利を有し、何人も、かかる請願をしたためにいかなる差別待遇も受けない」と定められていて、これは主権者である子どもにもその権利があるということです。この請願権を使い陳情することでまちづくりに参加していきます。

岡山大学地域総合研究センター准教授の岩淵泰さんの聞き取り報告は次のようです。2022年度の「探究の時間」で、約90人の2年生が4月から9月は個人探究、10月から1月はグループ探究に取り組みました。個人探究は国連の提唱するSDGs（持続可能な開発目標）の17項目から関心のある分野を選んでテーマを決め、その視点から新見市の課題を考えていきました。そして、9月に個人探究成果発表会があり、同じような課題の生徒でグループをつくって陳情内容をつくっていきました。できたグループは、食品ロス、フードバンク、ゴミ回収、環境リサイクル、放置林対策、過疎問題などの21グループで、12月に市役所に行き、各グループは管轄の各課から取り組みを聞きました。1月の各グループのプレゼン発表会で3グループが選ばれ全体発表会にすすみました。

①市内の小・中学校とアメリカとカナダへの姉妹校締結についての陳情、②新見市の食品ロスについての陳情、③新見市内の選挙における投票率向上についての陳情、の3つでした。全体投票で選ばれたのは、市長選挙や市議会選挙での郵便投票の導入を提案した「新見市内の選挙における投票率向上についての陳情」（SDGsの目標16「平和と公正をすべての人に」）で、山間部が多い新見市では高齢者が投票会場に行くのに困難な状況があり、アメリカ・カリフォルニア州の郵便投票を参考に投票方法の選択肢を増やすというものでした。

陳情項目は、①郵便投票を市長選挙と市議会選挙に導入すること、②中学校や高校で出前授業や模擬投票などの選挙啓発をすること、③選挙割（投票を終えた有権者に対する割引サービス）、④投票所までの送迎タクシーを手配するという内容で提出しました。3月に生徒3名が総務消防常任委員会での議員との質疑応答に出席しました。議員から出された質問は、①郵便投票よりもスマートフォンなどのインターネット投票のほうが簡単であり、郵便が期日までに届かない場合や、集計に時間がかかり過ぎたりしないか、②投票率の高い高齢者よりも投票率の低い若年層の対策が必要ではないかというものでした。

質問に対して、生徒は「『総ての人が平等に意思表示ができる地域を創るには』を研究テーマに据えたため、今回はあらゆる世代が気軽に投票できる方法を検討しました。新見市が全国に先駆けた電子投票（２００２年～２０１３年まで4回）を調査してみると、高齢者は手書きのほうが簡単だったと答えました。そして、若年層の投票率向上には、若者の投票率が80％を超えるスウェーデンを参考にしてみて、小学校など早期の主権者教育が必要だと思います」と訴えました。

陳情結果は具体的実施に向けて継続審議となりましたが、岩淵さんは「その成果は採択や不採択にかかわらず、生徒のイニシアチブによって地域で共有されるべき課題を明示したことで、さらに、生徒が行政、まちづくり団体、議員と対話を重ねたことで、受動的な生徒からまちづくりへ参画する市民への成長を促したことである」としています。また、「高校生の陳情は身近な問題をSDGsによる広い視野や柔軟な発想から考えた課題解決策で大人が思いつかないような生活を明るくするアイデアが盛り込まれている」としています。岩淵さんの聞き取りに、陳情に取り組んだ生徒は「どうせ何をしても変わらないだろうとの諦めもありましたが、陳情を通じて変えられるのではないかとも思いました。自分たちでどうにかしたいと思ったときにまちへの愛着も感じました」と語っています。（岩淵泰２０２３）

このように、学校における主権者教育と自治体、地域住民とが連携することで過疎化のすすむ地域を何とかしようとする若者たちが育っていきます。それができるのは、子どもを子ども扱いするのでなく、子どもたちを主権者として認め、子どもたちの可能性を信じ、共に地域をつくっていこうとする大人たちの存在があるかどうかだと考えます。前述した松本工業高校の有賀久雄教諭が大事にしている孔子の『論語』の言葉です。

「後生《こうせい》畏《おそ》るべし、焉《いず》んぞ来者の今に如《し》かざるを知らんや」（若者こそ畏敬すべきである。未来を生きる若者が私たちより劣っているなどとどうしていえようか）

⑸ 高校のトイレに生理用品を――岡山後楽園高校「生理革命委員会」

岡山市立岡山後楽園高校の生徒たちは「総合的な探究の時間」の授業で、生活の苦しい家庭の子どもが生理用品を買えずに困っている「生理の貧困」問題について探究していき、「生理革命委員会」を立ち上げました。実証実験の一環としてクラウドファンディングで集めたお金で生理用品を購入して岡山県内の6つの高校に生理用品を届けて使用してもらいました。

2023年6月には県教育委員会に県内の高校のトイレに生理用品を設置するよう「提言書」を提出しました。そして、6月13日に県議会に提出した「陳情書」では、校内での実証実験やアンケートなどから、経済的問題だけでなく、衛生的手段や教育が届かない状況も「生理の貧困」であると指摘し、「県内の多くの高校では生理用品を生徒が保健室まで取りに行くシステムになっていて、『生理の貧困』をつくり出す一因になっていることから、トイレットペーパーと同じようにトイレに生理用品を設置していただきたい」と訴えました。クラウドファンディングで集めた212万4千円で生理用品を購入し、全県のトイレに設置するよう、391人の署名を添えて求めました。県議会文教委員会は6月30日に全会一致でこの陳情を採択し、7月5日の本会議でも全会一致で採択されました。

その後、生徒たちは「SDGsネットワークおかやま事務局」と協力して、8月23日に「意外と知らない生理のはなし★生理革命委員会と考える5W1H」を実施して約30人の参加がありました。そして、生理用品の設置に関する県内の生徒・教員向けの説明会・個別相談会を8月下旬から9月にかけて実施し、計24校に説明しました。

⑹ 高校生の訴えがすべての学校を再生エネルギー発電にした——神奈川県立湘南高校の生徒

横浜市に住む県立湘南高校2年生の女子生徒ハンドルネーム（インターネット上のニックネーム）「ふきたろう」さんは、スウェーデンの環境活動家グレタ・トゥーンベリさんの金曜日に学校を休んで国会に行き気候変動防止対策を訴える行動をニュースで知り、親に相談して家の電力を再生可能エネルギーを扱う電力会社に契約変更してもらいました。

続いて学校も再エネにすればいいと考え、学校の事務室と県に問い合わせると、再エネに変更する計画がないことを知りました。県立高校が排出するCO_2は県の事業が排出する全体の量の10％にもなることを知り、「未来をつくる学校が未来を壊すのはおかしい」と思った彼女は署名活動を始めました。まず学校内で始め、さらに友人に頼んで他校に広げていきました。そして、2021年からネット署名Change.orgで広げていき、合計で2万人余りの署名を集め県に提出しました。受けとめた神奈川県は2023年からすべての県立高校165校に再エネを導入しました。また横浜市でも導入しました。

⑺ 高校生平和ゼミナールの活動

高校生の社会的活動で最も歴史の長い「高校生平和ゼミナール」の活動を見てみます。高校生平和ゼミナールは、1974年に原水爆禁止世界大会のなかに「高校生分散会」(第1回高校生平和集会)ができ、その現地実行委員会が「広島高校生平和ゼミナール」となり1978年に発足しました。広島から長崎、埼玉、東京、高知、長野、千葉、大阪、愛知、京都など全国に広がっていきました。活動は、「学び、調べ、表現する」というスタイルで、学校のなかにサークルをつくり、各サークルが地域で集まって活動しています。活動内容は大別すると、a．地域の戦跡調査、被爆者や戦争体験者の聞き取りなど、アジア太平洋戦争についての学習と調査、b．核兵器や基地問題、憲法などをめぐる問題などの現代の戦争と平和についての学習や活動、の2つになります。地域の戦争調査では、1980年代から地域に住む人々から戦争についての聞き取りをしていき各地で大きな成果をあげ、その後の1990年代からの大人のオーラル・ヒストリー(聞き取りによる口述《こうじゅつ》歴史)の先駆けになりました。その成果は本や映画となりました。

長野の高校生の取り組みです。戦時中に大本営を疎開させるために6500人超の朝鮮人を使って大地下壕を掘らせたマツシロ大本営跡を高校生が発見して保存運動に取り組んだ記録『生徒たちのマツシロ大本営』。日本の秘密戦のすべての研究をしていた陸軍登戸研究所が神奈川県登戸(現在の明治大学登戸研究所平和記念館)から駒ケ根市一帯に疎開して風船爆弾や731部隊が使用した毒物兵器などの秘密兵器を研究開発していたことを元所員たちから初めて聞き取って、その全貌を明らかにしていった記録『高校生が追う陸軍登戸研究所』。私が編集した『高校生が追う戦争の真相』には、学校で戦時中に生徒を使って風船爆弾を秘密裏につくっていたことを当時の卒業生から聞き取って、明らかにして文化祭で発表し、生徒会は「核戦争3分前」と言われる世界に向けて生徒会平和宣言を生徒会と各クラスであげた記録、その取り組みをした中心の生徒たちが高校生平和ゼミナールをつくり、県内90校の生徒会に「高校生の非核・平和宣言」の取り組みを呼びかけて広げていった記録、また、地域の戦争体験者からの聞き取りで、731部隊元隊員で捕虜をつかい細菌による生体実験をしていた唯一の証言者からの聞き取りや、満州開拓残留孤児の日本への帰国運動をした僧侶からの聞き取りなどを記録しました。

広島の高校生の取り組みの記録は『世界史をつくる子どもたち』に、岡山の高校生の取り組みの記録は『はじまりはアリランから』にまとめられました。

高知の幡多《はた》高校生ゼミナールは、1985年からビキニ水爆実験の被災漁民や遺族など400人への聞き取り調査をすすめて、被災漁船は第五福竜丸のみでなく延べ992隻（実数550隻）であることを明らかにさせ、また多くの人が放射能による病気で苦しんでいることも明らかにしました。この地域調査を記録したのが『ビキニの海は忘れない』として、本と映画になりました。のちに支援する市民団体もでき、2016年に被災者は国への賠償責任を求めて提訴し、2019年に高松高裁は被爆の事実を認める判決を出しました。1992年から四万十川流域の地域で戦前の朝鮮人による労働調査を始め、続いて朝鮮学校の高校生との交流、韓国に渡り日韓の高校生交流へと続く高校生の活動を記録したのが『渡り川』として、本と映画になりました。

また、広島の高校生たちは原爆ドームの下を流れる元安川で川床に残っている被爆瓦を拾い集め、１９８２年８月６日に原爆瓦のモニュメント「原爆犠牲ヒロシマの碑」を建立しました。２００１年には東京と広島で、２００３年には京都で「世界の子どもの平和像」を建立しました。

高校生の社会参加・意見表明という政治的活動としては、１９７０年代末に広島の高校生たちはＮＧＯ主催の軍縮会議で広島に来たイギリスのノーベル平和賞受賞者のフィリップ・ノエルベーカー卿から呼びかけられた言葉「総理大臣に、国連で全面完全軍縮を提案してほしいと手紙を書きなさい」に応えて「ノエルベーカーの手紙運動」に取り組みました。１９８２年の第２回軍縮特別総会に向けて各県の平和ゼミ連名で「核廃絶を求める高校生の平和アピール」を発表しました。１９８８年の全国高校生平和集会で「世界高校生平和憲章」づくりを提起し、11年間議論を重ね１９９９年の全国高校生平和集会

高校生平和ゼミナールのピース・ウォーク　2022 年

で、1989年に国連で採択された「子どもの権利条約」の内容も盛り込んだ「世界高校生平和憲章」が採択されました。

1995年に沖縄で米兵による少女暴行事件が起きた翌年には、沖縄で全国高校生平和集会を開催しました。それ以降も沖縄で、2023年までに合計7回開催してきました。

2003年にアメリカが国連憲章違反のイラク攻撃を始めると、3月21日に東京渋谷の宮下公園で「3・21全国高校生平和大集会」を開催して北は青森から南は沖縄まで1250人の高校生が集まり、デモ（パレード）では1500人になり、アメリカ大使館に戦争反対の集会アピールと1000通もの「高校生ピースフルメッセージ」を届けました。続いて5月4日にも850人で「5・4全国高校生平和大集会」を開催しました。さらに、翌年の2004年3月21日にも「全国高校生平和大集会」を開催し、全国から800人が参加しました。そこで東京の高校生平和ゼミナールから「イラクの子どもたちに医療を」と取り組んできた募金が目標の100万円に達したことが報告されました。

全国高校生平和集会は原発事故後の福島で2014年3月に、また事故から10年後の2021年3月にもオンライン集会を行いました。

東京の高校生平和ゼミナールを中心に各地の平和ゼミナールが2021年7月から、日本政府に核兵器禁止条約への参加を求める「声を上げよう！ 高校生署名」運動を続けて、1年間で目標の1万筆を達成して1万3642筆の署名を2022年8月19日に外務省で手渡して要請行動を行いました。翌日の20日には、渋谷で「核兵器はいらない！高校生・学生・青年アピールウォーク」を行い75人が参加し、ICAN国際運営委員の川崎哲さん、日本ウクライナ友好協会のイーゴルさんが連帯挨拶をしました。２０２２年3月からはロシアのウクライナ侵略に対してロシア大使館前での抗議集会とウクライナ大使館への連帯訪問を続けました。また、２０２３年10月にイスラエルによるガザ攻撃が始まると、イスラエル大使館に抗議文を届けて抗議集会をしています。東京では大学生の平和ゼミナールもできました。

4、社会を変える若者たち

(1) 日本青年団協議会の活動

若者団体としては、１９５1年に結成され長い歴史をもつ日本青年団協議会（日青協）があり、ホームページなどによると「青年の生活を豊かにする」を目的に全国の市町村にある青年団と都道府県の連合組織がこの協議会に加盟しています。青年団は青年会とも言い、そのルーツは江戸時代の若者組あるいは若連中、若衆組などと呼ばれた村落の祭礼行事の担い手、また若者を成人に育てる組織として機能を果たしました。戦時中には大日本連合青年団として国策に協力させられましたが、長野県伊那の青年団のように戦争に反対した青年団もありました。戦後は社会教育関連団体としても位置付けられ、地域のなかで祭りや獅子舞などの伝統芸能の担い手としても活躍していました。日本青年団協議会は1960年代以降政治課題にも関わることが増えて、沖縄返還運動促進や原水爆禁止運動や非核三原則法制化運動を行い、沖縄の米兵による少女暴行事件への抗議などを決議したりして社会問題にも参加してきています。

毎年、全国青年問題研究集会を開き、1年間の活動をレポートにまとめ、持ち帰り、お互いに評価・反省することで次年度の運動につなげていくという活動を50年以上続けています。全国の青年団の抱えている課題は会員数の減少問題です。

(2) 日本若者協議会の活動

欧米に比較すると日本の社会変革活動に参加する若者は少ないですが、さまざまな要求を掲げて活動する団体があります。そのなかでも大きな団体で活発に活動しているのが日本若者協議会です。日本若者協議会には国内の若者団体が76団体(構成員約4200人)と個人939名が加入しています(2024年1月4日現在)。

この団体は目的を、「若者の意見を政治や地域社会の在り方を考える際に取り入れることは、今や世界的潮流と言えます。欧州をはじめとする多くの国々では、若者と政府が意見を交換する公的な場があります。若者の利害に強く関係する政策を担当する『若者(青年)政策担当大臣』を設置する国も少なくありません。国連をはじめとする国際機関においても、国際会議に10代~20代が参画し、意見表明する機会を設けることが多くみられるようになりました。また若者を代表して政府に意見を伝える『子ども・若者協議会』は、ＥＵ・イギリス28ヵ国中、27ヵ国に設置されており、国だけでなく、各自治体にも設置されています。そこで、日本の若者有志は、若者の声を社会へしっかり届けるための窓口として『日本若者協議会』を設立します。本会は、欧州各国等で見られる『若者協議会』(youth parliament) をモデルに、若者の団体や個人が政党や政府へ直接声を届けるための仕組みづくりを行います」としています。設立は２０１５年11月で、事業内容は「若者（39歳以下）の意見を集約、政党・政府に対して政策提言。若者の政治参加、教育、労働、社会保障、ジェンダー、環境/SDGs、憲法の政策委員会を設置」としています。

日本若者協議会は理事会で決めた政策テーマをもとに、団体会員と希望する個人会員によって構成される政策委員会で勉強会などを開いて意見集約・分析・提言立案を行い、総会で承認を受けて主張・提言をまとめ、超党派の若者団体として与野党問わず各党に働きかけて、若者の声が政策に反映され実現されるよう活動しています。

今までに協議会が主張・提言してきたことを見てみます。「学校内民主主義の実現（校則の改正プロセス明文化を求める通知の発出、主権者教育の手法に『学校運営への生徒参加』を含めることなど）」「学校における政治的中立性の緩和」「政党党員資格年齢の16歳への引き下げ」「被選挙権年齢を一律18歳への引き下げ」「行政モニターや審議会、委員会等への若い当事者の参加」「若者政策担当大臣・子ども若者省の設置、担当大臣と若者との定期的な意見交換の設置」「選挙規制の大幅な緩和」「ネット投票の実施」「ハイフレックス型授業（対面と遠隔オンラインを同時進行させる形式）展開のための撮影スタッフ・撮影器機支援、遠隔授業で修得する単位数の上限緩和」「少人数制授業のためのＴＡ増員・ジョブディスクリプション規定の義務付け」「大学設置基準（一科目あたりの単位数、各授業科目の授業期間、標準単位数、定員管理）の見直しと通知の発出」「生きるために必要な教育内容の拡大（法教育、労働教育、金融教育、消費者教育、性教育）」「若年層の自死対策、メンタルヘルス教育の促進」「給付制奨学金の拡充、大学授業料減額」「教員の働き方改革（給特法の廃止、部活動の地域スポーツへの移行など）」「性教育の拡充」「性的同意年齢を16歳へ引き下げ」「教員から児童・生徒への性暴力対策の強化」「LGBTQ+への差別禁止を法整備化」「選択的夫婦別姓制度の実現（民法750条の改正）」「生理用品の軽減税率適用化もしくは公共施設（学校等）で無償配布」「最低賃金の引き上げ」。

これらはいずれも子ども・若者が民主主義的な学校や社会で生きていくために、また民主主義的な主権者・市民に育つために必要な施策であり、それを若者から提言・要求していることに意義があります。若者協議会代表の室橋祐貴さんは欧米の若者施策を視察してきて、子ども・若者たちと勉強会を開き、議論し意見集約して各政党や文科省などに提言しており、その提言プロセスも提言内容も納得できるもので、それらは実現したり、実現しつつあります。

室橋祐貴さんの言葉です。「日本はこれまで、子ども・若者を支援保護の対象とばかり見てきたために、権利の主体としての若者政策は充実していません。今後社会運動に参加する若者が増えるためには、若者を主体とした若者団体への支援を行う若者政策や、幼少期から一人の市民として民主主義を体験できる実践的な主権者教育が欠かせないと思います」。

⑶ 立ち上がる若者たち

社会参加の手段としてChange.orgというネット署名ができて、若者によるネット署名運動が活発化しています。特に新型コロナウイルスの感染が広がった２０２０年春以降、小・中学校の休校延長を求める署名運動、大学の学費減免を求める署名運動、校則の見直しを求める署名運動などが広がっています。これは声を上げることはできないが署名ならできる、署名も街頭では抵抗があるがネット署名ならできるという若者の考えにマッチした、参加しやすい運動ということが大きいのです。

声をあげる若者の活動も増えてきています。元自衛官の五ノ井里奈さんはたった一人で職場の同僚たちによる強制わいせつ行為を告発し裁判をたたかって有罪判決を勝ち取りました。男社会のなかで勇気を振り絞って女性が声をあげるとバッシングを浴びます。特に若者に対してはＳＮＳで嵐のようなバッシングが降り注ぎます。五ノ井さんは同じように自衛隊内で受けたセクハラ被害を告発して国家賠償訴訟を起こした現役女性自衛官へのメッセージを聞かれて、「命を削ってたたかっていると思う。自分が真実だと思うことを貫いてほしい」と語っています。

新しい若者団体には、グレタ・トゥーンベリさんの呼びかけた気候危機に対する「Fridays For Future」（ＦＦＦ）運動、学費減額を求める学生団体「高等教育無償化プロジェクトＦＲＥＥ」

の運動、「一票じゃ社会は変わらないのではなく、一票ずつが社会を変えていく。選挙に行こう」と中立の立場で投票行動を呼びかけている「GO VOTE JAPAN」の運動、全国にあるLGBTQ支援団体の運動など多数あります。

⑷ 政治に参加する若者たち

欧米の若者の活動のところで紹介しましたが、欧米では若者が政党の青年部に加入して活動することは全く珍しくありません。若者たちは選挙運動にも積極的に参加して政治を変えようとしています。

日本の若者の政治組織としては、各政党の青年部があり、また日本共産党系の日本民主青年同盟、旧社会党・社民党系の日本社会主義青年同盟があります。このうち日本民主青年同盟（民青）のホームページでは、15歳〜30歳の若者が加盟でき、全国で約1万人が加入しているとされています。活動は核兵器廃絶署名運動、米軍基地問題を考える沖縄フィールドワーク、困窮している学生への食料支援運動、給付制奨学金制度の拡充運動などをすすめ、「核兵器禁止条約の批准」「気候危機打開」「ジェンダー平等」「新自由主義からの転換」「敵基地攻撃能力の保有反対」などを掲げて活動しています。

第6章　自治体が若者を主権者に育てている取り組み

1、ヨーロッパの取り組み

ヨーロッパで若者が政治参加する方法は3つあります。a．政党の青年部に加入して活動する方法、b．集会やデモで抗議活動などに参加する方法、c．子ども・若者評議会と子ども・若者議会に参加する方法です。子ども・若者評議会はEUとイギリスの28ヵ国中27ヵ国（ないのはチェコだけ）にあります。子ども・若者議会は28ヵ国中15ヵ国にあります。

子ども議会については、例えばフランスでは国レベルの子ども議会と自治体レベルの子ども議会があります。フランスの中学生の学校生活を生き生きと描いた映画『パリ20区、僕たちのクラス』では生徒の学校運営参加の様子も描いていますが、武庫川女子大学の大津尚志さんによると、その舞台となったパリ20区では1995年以来、区内の公立・私立小学校4、5年生および中学1、2年生からなる「子ども区議会」が月に一度開催されていて、区に関わる問題が話し合われ、区議会に影響を与えています。国レベルでは、毎年「子ども議会」が開催されていて、国民議会の定数と同じ577名の小学校5年生がジュニア代表となって、パリの国民議会に集まり法案の議論を行っています。毎年のテーマに即して4条で構成される法案を作成し、地方と全国の選考を経て選ばれた法案は国会議員により法律化されます。このように子どもと国会は直接つながっています。（大津尚志2023）

デンマークの青少年国会の場合は2年に1度開催され、全国から参加の申し込みをした8年生、9年生のクラスのなかから60クラスが選出され、各クラスから代表3人ずつが国会に集合します。国会ではこの青少年議員を国会議長、首相はじめ各大臣、各政党の代表が1日受け入れます。青少年議員は法案の審議、討論、決議のプロセスを経て12の法案を決議し、全国から寄せられた800以上の法案とともに担当大臣と各政党に手渡します。（小島ブンゴード孝子他2023）

ドイツのミュンヘン市で開催される「ミニ・ミュンヘン」は、8月の夏休み期間3週間にわたって誕生する、7歳から15歳までの子どもだけが運営する「小さな仮設都市」です。市長も議員も役所も銀行も働く所もすべて子どもだけで、働いてお金を得て、税金も納め、市長や議員も選挙で選ばれます。また、子どもたちが「身の回りの環境をこう改善したい！」という提案を行う議会が年に2回、春と秋にミュンヘン市議会本会議場で開催されます。参加した子どもたちの議論と多数決で提案が可決されると、同席している市役所と市議会の各党の担当者が決められ、1年以内にその提案を実施しなければならないという仕組みで、毎回十数事業の提案があり、8割程

度が可決されます。（日本若者協議会室橋祐貴氏資料）

2、日本での取り組み

日本でも子どもや若者に議会の仕組みを学ばせて、議会の大切さを知り選挙に行こうとする主権者を育てていこうとする取り組みがあります。そうした「子ども議会」「若者議会」を実施している自治体は数多くあります。「早稲田大学卯月盛夫研究室とＮＰＯ法人わかもののまち」の共同調査による「子ども議会・若者議会全国自治体調査」報告書（２０１９年5月31日）から見てみます。

この調査では、「子ども議会」は「地方自治体が主催し、おおよそ10歳から15歳までの小学生・中学生が主体となって参加する会議体」で、「若者議会」は「地方自治体が主催し、おおよそ16歳から30歳までの若者が主体となって参加する会議体」と定義されています。

調査結果では、全国１７４１の市町村のうち１１９６自治体（全体の68・7％）からの回答で、「取り組んでいる」は４０９自治体（34・2％）、「過去に取り組んでいた」は２８２自治体（23・6％）、「取り組んでいない」は５０５自治体（42・2％）となっています。

この事業の開始年は古く、１９８５年以前にもありましたが少なく、急増したのは２０１６年からで、これは18歳選挙権開始に伴ってのものと思われます。担当部署は最も多いのが「議会事務局」の42・9％で、次に「教育委員会」が27・0％となっています。議員の募集方法は、最も多いのが「学校からの推薦」で62・0％、次に「公募」が14・4％となっています。参加人数は、最も多い「10～20名」が40・0％、「20～30名」が28・1％、「30～40名」が11・1％、「40名以上」が16・5％となっています。実施回数は、「1回のみ」が54・1％、「2回」が16・4％、「6回以上」は9・5％で、実施回数の多い自治体は10回程度実施している傾向があるとなっています。

実施している自治体の約9割が、子ども、若者が自治体に「提案・提言する」活動を行っており、その提案・提言に対して返答をしている自治体は約7割、できる限り提案を実現しようとしている自治体は約2割でした。提案・提言の実現のために独自予算を確保している自治体は47自治体でした。提案・提言を受けて、実際に自治体の政策に盛り込む、もしくは実現に結び付けているのは25・6％（162自治体）でした（上記「報告書」より）。

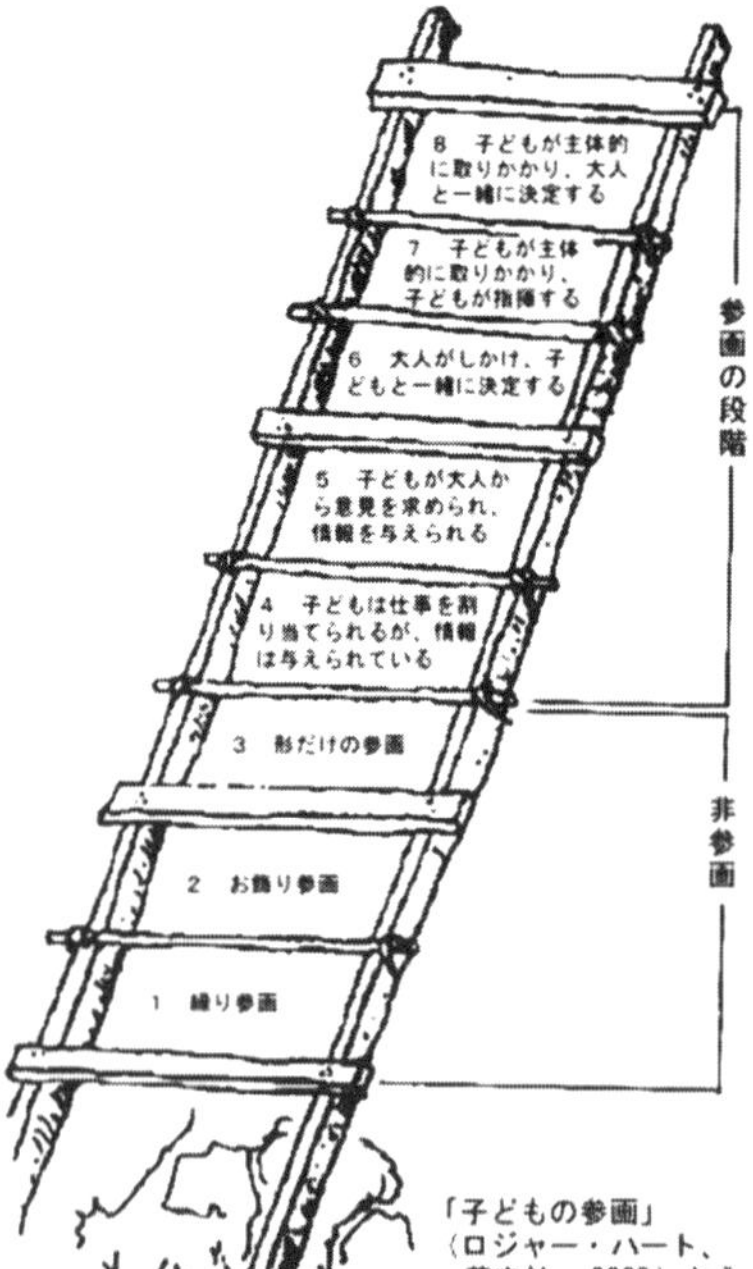

ロジャー・ハートの「参加のはしご」

「子ども議会」「若者議会」を実施している自治体の目的は多いも

のから、「行政、議会への理解」「政治参加意識の醸成」「まちづくりとしての参加」「子ども・若者の変化と育み」「地域交流・地域愛の醸成」という順番でした。

そうした目的が達成できるような取り組みは、こども・若者の参加のレベルと参加しての達成感によって違いがでてきます。参加のレベルとは、前頁のロジャー・ハートの「参加のはしご」で示されたように、主体的な参加かどうかが大事です。（ロジャー・ハート2000）

達成感は、自分たちが提案・提言したことが政策化されたり、予算を付けて実現されたときに実感できます。提案や提言するだけでなく、自分たちが予算をもっていて自分たちで実現できれば「目的」は最高度に達成できることになります。

⑴「地域課題解決型子ども議会」の取り組み――東京都狛江《こまえ》市子ども議会

東京都狛江市では地域課題解決型子ども議会を実施しています。子どもたちがグループワークやフィールドワークを通じて地域の課題を発見し、その解決策の提案をしていくもので、市議会議場で開かれる子ども議会で市長らに直接提案し、質問しています。ワークショップでは専門のファシリテーターがついて子どもたちを援助します。2022年度には、市内の各小学校の5・6年生と中学校1年生の合計7人（定員は15人）の議員により、前年度に引き続いて「多摩川」をテーマに取り組みました。

まず第1回は「いろいろな多摩川を知ろう」とフィールドワークやカヌー体験を行い、第2回は「多摩川の可能性を考えよう」とグループワークを行い、第3回は自分たちのアイディアを議会で発表したり、質問書を作成したり、質問したりする方法を学び、練習します。そして第4回の本番では市議会議場で、市長、副市長、教育長、各部長に、多摩川についての防災や憩いや賑わいなどの視点から多摩川を活用した狛江のまちづくりについて提案や質問をしました。保護者は傍聴席で傍聴しました。子どもたちの提案は市のまちづくりに活かされています。

(2)「予算のついた子ども議会」の取り組み——山形県遊佐《ゆざ》町の「少年議会」

北欧諸国では国が若者団体に経済的な支援を行っています。例えば、フィンランドではユースワーク（地域での若者支援活動）に年間94億円が助成され、スウェーデンでは子ども・若者団体に年間45億円が助成されています。

アメリカのボストンでは、12歳から25歳の若者の代表たちによって市の予算のうち1万ドル（約1・48億円）の使途、意見の収集、助成するプロジェクトの選定、実施、発展に関わります。同じくシアトルでは、70万ドル（約1億円）の使途を若者代表たちが決定します。同じくニューヨークでは、10歳以上の市民すべてに開かれた機会として参加型予算を実施しています（NTTデータ経営研究所「こども政策決定過程におけるこどもの意見反映プロセスの在り方に関する調査研究」2022年12月より）。

日本で行われている子ども議会や若者議会では自治体に提言はできますが、ほとんどの場合は自分たちで考えたまちづくりなどを自分たちで予算をもって実行することはできません。そうしたなかで、子どもたちが予算をもってまちづくりをしている自治体があります。

国政選挙での投票率は下降気味ですが、総務省の発表している「２０１９年7月の参議院選挙の都道府県別投票率ランキング」で1位の県は山形県で60・74％（全国平均は48・80％）です。2位の岩手県、３位の秋田県は56％台です。若者も２０１７年衆議院選挙での10歳代の投票率の1位も山形県で47・24％（10代の全国平均は40・49％、20代の全国平均は33・85％）、２位は愛知県の46・79％です。２０１９年参院選の10代の全国平均は32・28％、20代は30・96％です。

その山形県のなかで、２０２１年の衆議院選挙では18歳の投票率は全国平均が50・36％だったのに対して遊佐町は63・53％でした。この遊佐町で行われているのが予算をもった「少年議会」です。人口約1万3千人の遊佐町が予算をもった「少年議会」を始めたのは２００３年で、平成の大合併が進行中の時でした。少子高齢化や若者の流出などが問題にされるなかで若者に自治体に関心をもってもらおうとしていた時に、国際交流課担当職員がイギリスのミドルズブラ市の「少年市長」の取り組みを知り当時の小野寺喜一郎町長に伝えて「少年議会」の構想が本格化したということです。（竹原幸太２０２２）

少年町長（1名）と少年議員（定員10名）、少年副町長、少年監査で構成される町の若者の代表として町の予算45万円をもとに「中学生・高校生の政策」を立案し実現できます。まず町内の子どもたちにまちづくりへの要望を調査して、年３回ほど開催される少年議会と年20回も行われる全員協議会によって施政方針を決定、政策内容の決定、町への一般質問の内容などが話し合われます。少年町長と少年議員を選ぶ選挙では、立候補者の顔写真と立候補した理由と当選後に実現したい政策が書かれた選挙公報が発行されます。選挙で投票でき、また立候補できる有権者は遊佐町に住む中高生、さらに遊佐町内の学校（県立遊佐高校）に通う生徒も選挙権・被選挙権があります。有権者はおよそ600人です。

遊佐町の「少年議会」設置の考え方は、2007年に制定された「遊佐町まちづくり基本条例」にも謳《うた》われていて、町民は「まちづくりの主体者であり、遊佐町に住み、働き、学び、活動する人及び町内の事業者」で、「町は、すべての町民が、まちづくりに平等に参画できる権利を保障するものとする」（8条）としています。つまり子どももたちもまちづくりの主人公として、子どもたちが民主的に議論して政策化したまちづくり事業に年間45万円の予算を付けているのです。

45万円の予算でやってきたことは、JRの駅や公共施設に手作りベンチの設置、町の音楽イベントの開催、町の特産品のお米をモチーフにしたイメージキャラクター制作など、子どもたちの要求を調べてそれを実現しています。45万円の予算ではできないことは町への一般質問で要求して、通学路に街路灯や雪よけの柵が設置されたりしています。

少年町長を務め、大学でまちづくりについて学んでいる斎藤愛彩さんから少年議会についての報告を聞いた時、「中学の頃は、こんな田舎大嫌いって言っていたが、少年議会に出合って、町の魅力と自分の力で町を変えることができると知り、遊佐町に帰って遊佐町の教育に関わる仕事をしたいと思うようになった」と述べていました。

子どもの地域づくりへの参加も「子どもの権利条約」で保障されていますが、ほとんどの自治体では駅前開発や公園づくりなどでも子どもの意見を聞くことはありません。ここには2つの問題があります。1つは、子どもの声を反映したまちづくりにならないために、子どもにとって楽しく快適なまちづくりにならず、「このまちに住みたい、将来このまちで子育てしたい」とならないことです。2つ目は、子どものまちづくり参加を保障すれば、「自分たちでより良く変えられるんだ」という成功体験を持つことができ、それが自己肯定感を高め、社会参加・政治参加意識を高めていく市民教育、主権者教育になるのに、その機会をゼロにしていることです。

(3)「予算のついた若者議会」の取り組み――愛知県新城市《しんしろ》の「若者議会」

愛知県新城市の「若者議会」は2015年に設置されました。市が公募して集まったおおむね16歳から29歳までの委員（定員20人）と市外委員（定員5人）によって構成されて、1年間に15回の全体会議と各委員会が20回ほどもたれ、若者たちが若者総合政策に基づく事業を立案し市長に提案（答申）し、市議会の承認を得ると予算がついて、市が次年度に実行します。委員会は発足時に委員の関心のあるテーマから投票で3つほどに絞り、テーマごとに委員会を設けます。

今まで若者たちがつくった事業はすべて市議会で承認され、予算化されてきています。予算提案権は1000万円まで認められていて、約1000万円まで通った年もあったということです。

市外委員は新城市民以外の若者が参加でき、目的は市外からの目線をまちづくりに活かすというものです。若者の委員をサポートしているのが、以前委員を務めたOBなどによる「メンター（助言者）市民」と、市の「メンター職員」で、事務局は市の市民自治推進課職員が務めています。

第9期若者議会（2023年度）のメンバー構成は、委員は高校生11人、大学生2人、社会人2人で、市外委員は高校生1人、大学生4人、メンター市民は高校生1人、大学生2人、社会人3人です。

若者議会が今まで提案して実現した主な事業です。

①「ふるさと情報館リノベーション事業」

市の図書館（ふるさと情報館）の2階にある郷土資料室を、学生が勉強をしたり気軽に集まって話せるよう多目的空間にリノベーションしました。休憩コーナーやソファ席も設置しました。

②「目指せ well-being! プレコンで明るい未来を作ろう事業」

若者が将来安心して子どもを産み、育てることができるよう、性教育に関するお出かけ講座の周知（チラシ作

新城市第9期（2023 年度）若者議会のメンバー（新城市提供）

成、説明会開催）とプレコンセプションケア（若い世代が将来の妊娠などのライフプランを考えて日々の生活や健康と向き合うこと）について学べるイベントを実施しました。

③「お喋りチケット事業」

生きがいを感じられずに生涯を終える高齢者がいる。若い世代による地域での高齢者の見守りや支え合いへの関心が薄れている。このような現状を解決するため、希望する高齢者にお喋りチケットを配布し、支援者の若者が高齢者の自宅を訪問し、1時間のお喋りを楽しんでもらう事業を実施しました。

④「教育ブランディング事業」

若者が一市民としての自覚を持ち、生涯にわたって積極的に社会参画することを促すために、主権者教育やアクティブラーニングのカリキュラム化をめざす。

その第一歩として中学校におけるワークショップを実施しました。

⑤「若者アウトドア観光事業」

新城市の魅力を若者向けに発信するためのインスタグラムを開設しました。また、若者に新城の良さを再認識してもらうため、「#しんしろフォトコン」を開催し、募集した写真から厳選したものを掲載した「しんしろイイトコフォトマップ」を作成しました。

⑥「C&Hマッチング事業」

高校生に市内の企業で働いてもらうことによって新城市を活性化させるため、市内の企業について知ってもらうための企業情報紙を作成しました。

⑦「ぶかつなぎ事業」

地域で活動する団体と市民を、幅広く捉えた趣味という枠組みによって繋《つな》げ、市民同士が交流し合えるよう、地域で活動する団体を知るきっかけになる新城市趣味活サイトを作成しました。

２０２３年に若者議会が提案した２０２４年度事業は、次のようです。

①「集まりん深まりんかふぇりん事業」（３２２万５千円）

若者が活気づいているまちをめざします。若者が活発に活動していけるよう新城まちなみ情報センター1階のフリースペースを、交流が促進されるような空間にします。

②「Ｎｅｗ ジェネ事業」（21万5千円）

若者が身近なまちづくりに気づき、自発的に挑戦できるまちを目指し、小さいころから若者議会を知ってもらうためのＰＲとつながる地域と若者の輪のブラッシュアップを行います。

③「seeds for しんしろ〜おいしいでつながる地域の〇〜事業」（51万6千円）

「おいしいであふれるまち新城」を知ってもらい、食べてもらい、買ってもらい、新城市の農業に興味を持ってもらえるように、キャンプ用特産品セット販売促進、給食レシピコンテストと農業体験等の紹介を行います。

全国で「若者が地域のなかで見えない、地域の活動に参加してこない」と言われていますが、新城市の若者たちの9年間にわたるまちづくり参加の取り組みを見てみると、大人が若者たちを信じてまちづくりを任せているのかどうか、予算まで与えて任せて若者を自治体の主人公に育てていこうというプランがあるのかどうかが問われていると感じます。新城市の若者育成の取り組みを支えている「新城市若者条例」を見てみます。

この条例では、「市民が主役のまちづくり」という「新城市自治基本条例」に基づき、「若者が活躍するまちの形成の推進」と「世代のリレーができるまちの実現」を目的としています。

この目的達成のために、「市長は若者総合政策を定める」「市は若者が市政に対して意見を述べることができる機会を確保し、市政に反映するよう努める」とし、そのために「新城市若者議会を設置」し、「予算の範囲内において必要な財政上の措置を講ずる」としています。

新城市は若者議会とともに、「新城市若者チャレンジ補助金」制度を設置して、若者が主体となって新城市を盛り上げるためにチャレンジする事業に対して補助金を交付しています。補助額は、「中学生が過半数の事業に上限5万円」「高校生が過半数の事業に上限10万円」「中高生以外の若者が過半数の事業に上限50万円」で、この制度を活用して取り組んだ事業には「映画上映会」「お祭りイベント」「ダンスイベント」などがあります。また、「つながる地域と若者の輪」は、中学生が新城市をより良くするためのアイデアを考える1日限りのワークショップイベントで、出たアイデアは全地域協議会に共有され、そのアイデアを具現化したい場合は地域自治区予算などで実施してもらえます。

「若者議会」を担当されている新城市市民協働部・市民自治推進課・自治推進係の係長である川合正敏さんからこの取り組みの報告を聞きました。川合さんは「まず若者の話を聞くこと。若者の提案で最初理解できないこと、つまり大人とのズレもあるが、話していくことで合意形成ができていく。若者と事業をつくり上げていくことは楽しい」と語っていました。これは、高校生との三者協議会やまちづくりの取り組みでも同じで、「楽しい」のです。その楽しさは、共に参加し協働して学校や地域をつくっていく・変えていく「楽しさ」なのです。

お話ししてくれたもう1人の市民自治推進課主事の加瀬川雄貴さんは「今は若者議会の事務局をしていますが、私も第3期若者議会の委員でした。若者議会出身の市役所職員は5人いて、市議会議員も1人、その他まちづくりに参加している人や、大学でまちづくりについて学んでいる人もいます」と述べていました。新城市の若者政策が新城市を支える若者たちを生んでいることがよくわかります。

第7章　職場が若者を主権者に育てている取り組み

どこの職場でも新入社員に対する研修はあります。その研修は仕事を覚えるための研修が中心で、最近ではハラスメント研修などの人権学習も増えています。しかし、職場での主権者教育を実施しているという会社はほとんどありません。

日本では、会社が選挙で特定候補への投票を呼びかけたり、候補者の演説集会に動員したり、選挙運動を手伝わせたりすることもあります。また、労働組合がそうしたことを組合員にさせている組合もあります。しかし、思想・信条の自由、政治的活動の自由は憲法で保障されていますので、会社も労働組合も集会参加や投票の依頼はできても強制することはできません。政治や選挙についての学習会を開く、選挙については職場のなかで各政党や各候補の後援会を自由につくれて自由に活動できるのが民主主義的な会社や職場と言えます。多くの若者は他人からの強制を嫌いますから、強制はますます若者の政治離れをすすめてしまいます。

そうした選挙動員的なものではなく、主権者を育てているケースは労働組合には多くありますが、職場が主権者教育をしているところはほとんどありません。それは労働者が自分たちの権利に目覚めていけば賃上げや労働条件の改善などの要求が高まり、会社の経営にとって都合よくないと考えているからです。しかし、本来は社員が主権者として成長していくことは、会社のデータ不正事件や偽装事件などを内部で解決していけるような民主主義的発展につながっていくものなのです。

民医連（全日本民主医療機関連合会）の主権者を育てる取り組み

職場が主権者を育てる取り組みをしているわずかしかないケースから、民医連のケースを紹介します。民医連は正式には全日本民主医療機関連合会といい、全国各県に、病院143、診療所479、訪問看護ステーション221、在宅介護福祉関係施設211をはじめ合計1733事業所(2023年12月現在)があります。職員数は約8万人の日本最大規模の医療機関関係組織です。戦前の1930年代に始めた貧困層や勤労大衆への医療施設である無産者診療所の歴史を受け継いで医療従事者と地域住民がつくった民主診療所がもとになっている現代版「赤ひげ」的な医療・介護機関です。

新自由主義経済政策がもたらした格差と貧困、新型コロナウイルス禍による仕事減、物価高騰、高すぎる国民健康保険料によって2021年の国保料・税の滞納者は208万世帯（全世帯の

11・9%）にのぼり、滞納差し押さえは約25万件で613億円（2020年）、実質的な無保険状態を強いる「資格証明書」は9・9万世帯、有効期限を短くした「短期保険証」は47・7万世帯に発行されています。

こうした状況に対して民医連は、国民の「受診権」「健康権」を守るために国保料・税の引き下げの運動をすすめるとともに、民医連の多くの病院や診療所では医療費の支払いができない生活困窮者に無料低額診療を実施しています。

民医連は「民医連綱領」で、「無差別・平等の医療と福祉の実現をめざす組織です」としていて、「営利を目的とせず、事業所の集団所有を確立し、民主的運営を目指して活動しています」「日本国憲法の国民主権と平和的生存権、基本的人権の理念を掲げ」「人権を尊重していのちと健康を守り」「地域・職域の人びとと共に安心して住み続けられるまちづくりをすすめ」「人間性豊かな専門職を育成し」「医療、介護・福祉従事者の生活の向上と権利の確立をめざし」「社会保障の実現のためにたたかい」「人類の生命と健康を破壊する一切の戦争政策に反対し、核兵器をなくし、平和と環境を守ります」としている団体です。

民医連の職員育成部長の川上和美さんにお聞きしました。

こうした目標を掲げているので、本来の医療、介護・福祉の仕事と共に、地域での住民の健康チェック活動や生活困窮者への「いのちの相談所」活動、医療政策や介護・福祉政策などの改悪反対の運動、国民の生活を守る運動、戦争に反対し核兵器禁止条約批准を政府に求める運動などをすすめてきています。しかし、こうした活動に対して入社した若者から「なぜ、署名集めなど自分の仕事以外のことをしなくてはならないのか」「どうして核兵器禁止世界大会に行かなくてはならないのか」などの声が出るようになりました。これまでも民医連加盟の各職場ではこうした社会的な活動の基礎になる学習をしてきましたが、若者の変化を受けて若者へのていねいな説明や学習を増やしています。

(1) 学習と体験の活動

学習活動では、全日本民医連は全職員配布の機関紙を通じて、「憲法 Café」の連載で憲法学習、「人権 Café」の連載で人権学習を提起して各職場で読み合わせと討論などをしてきました。「憲法 café」で学習したテーマは、①「憲法変えたい・今の憲法がいい、憲法があるから『それおかしい』って言えるし、たたかえる」②「9条は世界の宝、平和憲法は世界の希望」③「生きるを支える――民医連の医療・介護と25条」④「たたかってこそ輝く25条、『命よりもお金優先』はあってはならない」⑤「安保か憲法か、基地あるがゆえの被害」⑥「沖縄を通して憲法をみる、憲法の実現を求め続ける沖縄のたたかい」⑦「全ての個人が尊重され、自由に、幸福を求めて生きる・憲法13条、幸せになるために、政治と向き合う」⑧「憲法が憲法でなくなる自民党改憲案、安倍9条改憲を斬る」⑨「改憲の最大のターゲット9条、やっぱり心配9条で本当に平和を守れるの？」⑩「近代憲法の条件――立憲主義と権力分立、住民こそ主人公――憲法第8章地方自治」

⑪「改憲への執念VS アベNO！国民の声」⑫「憲法は未完のプロジェクト――平和・人権・民主主義の理想に向かって」でした。

「人権 café」で学習したテーマは、①「医療・介護の現場で考える人権、一人ひとりの生存と発達を保障する社会へ・子どもに最もよいことを――子どもの権利条約４つの権利」②「ジェンダーから自由になろう――一人ひとりが尊重され多様で公正な社会を」③「高齢者の人権保障はすべての年齢への人権保障――高齢者の人権の国際的到達と日本高齢者人権宣言案」④「あたりまえに働き、えらべる暮らしを――『障害者の人権』国際的到達と日本における課題」⑤「『幸せな国』は国民の政治参加でつくっている～一人ひとりの一票が未来を変える～」⑥「人権としての社会保障――生存権や健康権を実感できる社会へ」⑦「平和に生きる権利～平和的生存権を力に世界を変えよう～」で、「憲法 café」も「人権 café」も資料は研究者や弁護士によって書かれたものでした。

また、民医連は「旧優生保護法下における強制不妊手術問題に関する見解」の学習運動、「すべての民医連職員のための LGBTQ 基礎知識」の学習運動や、地域の戦争体験・被爆者の声から学ぶ取り組みをしてきています。

体験活動では、原水爆禁止世界大会には毎年ほとんどの職場から代表を送り、沖縄の辺野古支援連帯行動への参加は２０２３年10月には50次を迎えました。３・11災害以降は全国から被災地支援に参加してきました。

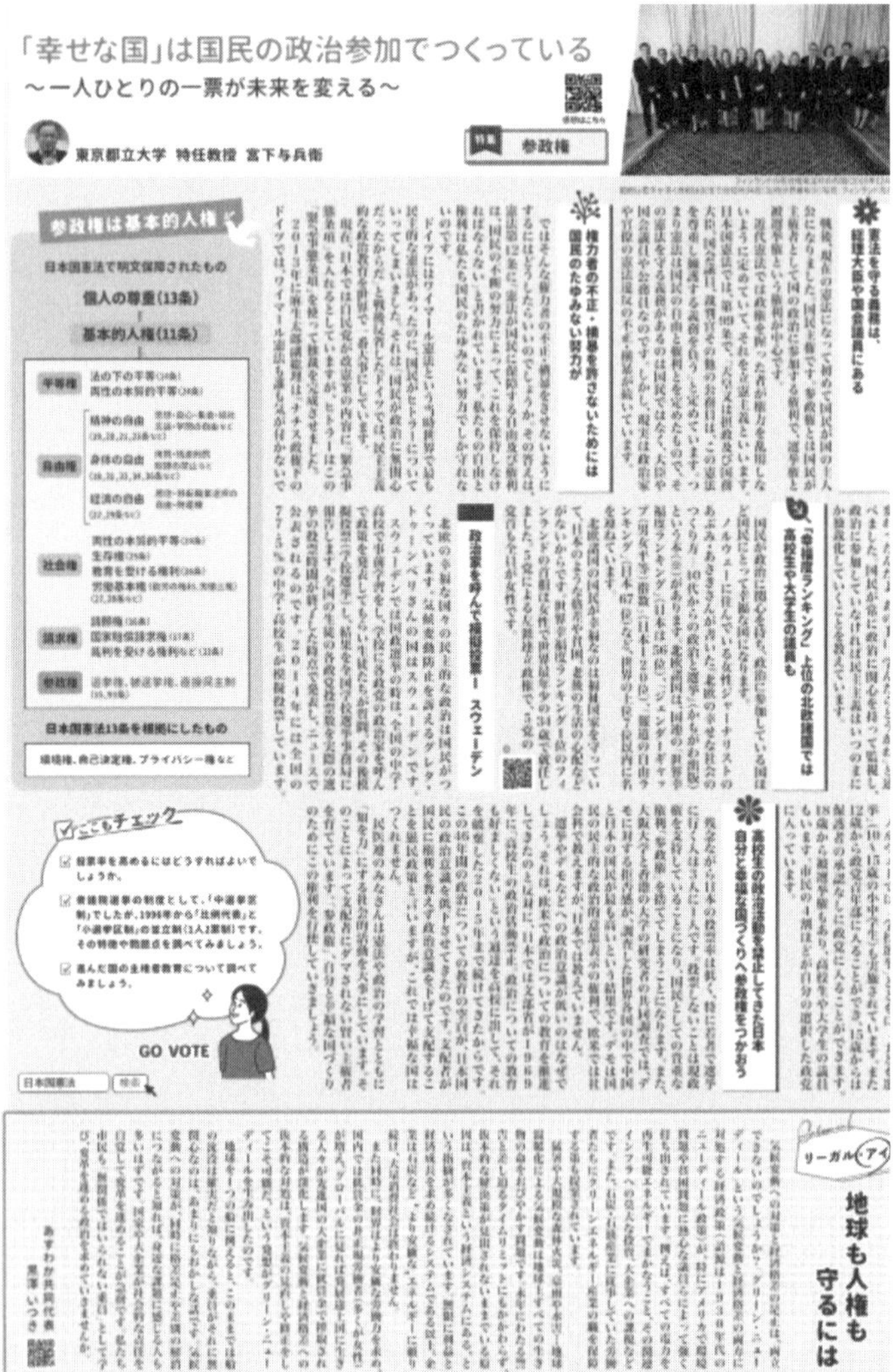

全日本民医連発行の「人権 café」の資料（宮下担当の回）

地域では、住民の健康チェック活動や生活困窮者への「いのちの相談所」活動、「無料電話相談会」活動、「フードバンク（食糧支援）」活動、「衣料などの物資支援」活動などをしてきています。

各県での若者が参加した最近の活動を見てみます。

⑵ 平和問題・環境問題・災害問題への取り組み

平和への取り組みでは、長崎民医連では、被爆地の実相と現状を学び、被爆遺構や戦跡めぐりを行い、原爆碑巡りガイドを担いました。福岡民医連では、2年目研修で小倉造兵廠のフィールドワークに取り組みました。栃木民医連では、看護学生と共に平和チームを結成して長崎の世界大会に参加し、平和チームを中心にコーラス部ができました。

環境問題・災害問題への取り組みでは、新潟民医連では新潟水俣病フィールドワークを行いました。岩手民医連では新人教育研修として震災被災地訪問で陸前高田フィールドワーク宿泊研修を行いました。埼玉民医連ではSDGsについて学び、食品再生工場とその工場で生産している堆肥を使用した農場を見学しました。島根民医連では海の環境学習をして海岸の清掃活動に取り組みました。熊本民医連では若者が水俣病の学習をして現地調査のガイドを務めました。また、大学との合同調査チームで「水俣病特措法」対象外地域のメチル水銀と健康・生活に関する実態調査に参加しました。ハンセン氏病資料館を見学し当事者のお話を聞いて学びました。「旧優生保護法」「生活保護裁判」の学習をして裁判を傍聴し支援活動をしています。宮城民医連と熊本民医連では「災害公営住宅での生活実態聞き取り調査」を行っています。熊本民医連では聞き取った内容をまとめて報告し、マスコミが報道しました。くまもと地域自治体研究会と共に熊本地震メモリアル集会、シンポジウムを開催しました。

(3) 人権問題への取り組み

人権問題への取り組みでは、若手職員がコロナ禍で貧困と格差が拡大するなかで「無料低額診療」を広げる取り組みをしています。民医連本部では若手職員の20代中心に7人が「無料低額診療」を広めるためにＳＮＳで事例の発信を続けています。学生などの若い世代での貧困が増えていることから、若い世代に向けた普及の取り組みをインスタグラムやツイッター（Ｘ）を利用して、事例を漫画にして投稿し、Ｑ＆Ａ形式で関心を高めています。また大学生協と懇談してフードバンクに「無料低額診療」のパンフレット設置を依頼しました。民医連加盟の北海道勤労者医療協会は札幌市内の３００の小・中学校に、子どもがケガをした場面のイラストを入れた「無料低額診療」のパンフレットを配布したり、若者の利用の多いネットカフェを訪問して紹介しています。

憲法学習や人権学習を職場ですすめてきて、患者さんや介護施設などの利用者さんの権利や人権を保障する意識が向上するとともに、職場での職員の権利や人権の保障もすすんでいます。例えば、神奈川県の川崎医療生協の川崎協同病院では、診察申込書の性別欄の「男（Ｍ）」「女（Ｆ）」に「回答しない（Ｎ／Ａ）」の欄を加えました。また、外来基本票への氏名の記入、診察券の氏名、どちらも戸籍上の名前でなく患者さんが希望する通称名でいいことにしました。職場では、女性事務職制服のスカートを廃止し、また同性のパートナーとのパートナーシップを異性の婚姻関係と同等に扱う「パートナーシップ制度」を制定しました。

東京の「健生会」では「人権の尊重と共同の営み」の取り組みとして、格差社会について社会保障の観点からメディカルプアについて考える取り組み、戦争が与えるPTSD（心的外傷後ストレス障害）について考える取り組み、被爆体験者の話を聞き平和を考える取り組みをしてきました。若い研修医を対象に継続している「地域診断（地域状況を調査して医療・健康上の問題を知り、医療者として何ができるか考える）」について多職種協働で取り組んでいます。

「無料低額診療」プロジェクトに取り組んだ若者の感想では、「学生時代は積極的に何かするタイプでなかった。4年間診療所にいて、生活困窮者に『何とかしなきゃ』と思っても最初はどう行動してよいかわからなかった。訪問診療について行ったり、カンファレンスだったり、そのなかで3人大変な生活状態の人がいて、かたづけや掃除に行ったりした。自分が今まで生きてきて、自分の視野にないところでこんなことがあるなんて、世間の見方が変わった感じがした」と書いていました。

新自由主義の社会となって格差が広がり階層化がすすみました。階層化社会では、自分と同じ階層の人の生活しかわからず、他の階層の人の生活はわかりにくいのです。社会に出ても、教員や医療・福祉関係の仕事など多階層の人と接する仕事をしていないと自分と違う階層の人の生活はわかりません。わからないと共感できませんから、生活保護受給者に対するバッシングなどが起きるのです。

(4) 看護学生や若手職員の取り組み

また学生たちも苦しい生活を送りながら学んでいます。千葉県にある民医連の東葛《とうかつ》看護専門学校の学生たちが調べると、85％の学生が奨学金を利用していて、また82％の学生がアルバイトの経験があり、アルバイトによって授業にも影響がでていることがわかりました。貧困と医療の関係を学んでいた学生たちは、貧困は社会の問題であると8000筆余の署名を集めて、2019年から学校のある流山市に給付型奨学金制度制定の陳情を行いました。この取り組みは5年目にして「給付型奨学金制度制定」という成果を上げました。

職場で国政選挙に向けて朝会での3分間スピーチが取り組まれました。これは特に選挙に関心の低い若者にとってよい主権者教育になります。ある若者のスピーチです。「選挙が自分や周りの人々の暮らしに直結する大事なものだと気づいたのは入職してからです。原水爆禁止世界大会や辺野古支援、スタンディングや署名活動などに参加し、平和の問題や医療を受けたくても受けられない人がいることなど、私たちが暮らす社会にはたくさんの問題や課題があることを知りました。私がすごいなと思ったのは、問題を問題のままにせず行動を起こし続ける先輩職員の姿です。……選挙も、1回で良い結果が出なかったとしても、諦めずに何度も意思表示を続けていくことが大事なのではないかと思いました」。

(5) 若手医師の取り組み

民医連では若手医師たちも平和運動などで活躍しています。そのなかの1人である長野県民医連の河野絵理子さんは医学部の学生時代から全日本医学生自治会連合（医学連）の代表も務めてきました。医学連は27大学の医学部自治会が加盟しており、国立大学の医学部の過半数が加盟しています。

医学連は毎年、厚生労働省・文部科学省と交渉して、医学生からの様々な要求を伝えています。日本の大学でカリキュラム編成に学生が参加できるようになっている学部は医学部のみです。これは世界医学教育連盟（WFME）と日本医学教育学会が「グローバル・スタンダード」を決め、認証基準に、「カリキュラム委員会には教員、学生、その他の教育の関係者が含まれるべきである」としたからです。それで、医学部教授会から「学生自治会をつくり、代表はカリキュラム委員会に参加してほしい」という大学が増えているとのことです。

河野さんは長野県民医連の病院に勤務しながら長野反核医療者の会を仲間とともに立ち上げ、2023年11月末にニューヨークの国連本部で開かれた核兵器禁止条約第2回締約国会議に、同じく長野県民医連の若手医師光武鮎さんと参加しました。

このように社会問題活動や職場での学習と地域での活動が若者の主権者意識を高めています。

そして、若手職員は職場を超えて地域や県単位で交流し、さらに民医連が毎年開催している「全国青年ジャンボリー」という「仲間と強く結びつき協同する場」「高い倫理観を学習する場」「変革の視点を獲得する場」を若者たちが協力してつくりあげています。こうした活動で仲間ができ、仲間と協働することで自己肯定感が高まり、社会変革の意識が高まっていくのです。

⑹ 会長の言葉「なぜ、職場で主権者を育てるのか」

全日本民医連会長の増田剛さんに「なぜ、職場で主権者を育てるのか」お聞きしました。

「全日本民医連（1953年設立）のルーツは戦前の無産者診療所運動にあります。軍国主義の下、国民は貧困にあえぎ医療に届かない時代、『労働者農民の病院をつくろう』と全国各地で誕生したこの運動は、治安維持法による弾圧で閉鎖に追い込まれましたが、その魂が戦後の民医連結成に繋《つな》がりました。この歴史は、『無差別・平等』の医療・介護・福祉の実現をめざす、とした現在の民医連綱領に活かされています。

『社会や政治に働きかけないと救えないいのちがある』、70年の歴史が導き出したこの視点は、私たちを突き動かす原動力であると同時に、民医連が主権者教育に力を注ぐ理由でもあります。本書で紹介された民医連の職員育成の実践が日本の主権者教育の一助になれればこれ以上の喜びはありません。発刊をお祝いしますとともに、日頃から私たちに多くの学びを与えて下さっている著者（宮下与兵衛氏）に心から感謝申し上げます」。

第8章　職場や地域での若者への接し方、サポートの仕方

若者が新自由主義と学校教育によって受けてきた影響を考えてきました。それらの影響による多くの若者に共通する特徴があります。特に学校教育の影響による「意見を言わない・議論ができない」という同調圧力を背景とする面と、特に新自由主義の影響による「個人主義的」という面があります。その両面によって「今の若者はわからない」ということが生じます。

例えば、職場の話し合いなどで多くの若者は自分から意見を言うことはなくて、「自分というものがないんだな」と年配者は思います。ところが、終業時刻になると周りが仕事をしていても多くの若者はさっと帰宅していく。「みんなが働いているのに私なら帰れない。自分というものが強いのかな」と年配者は迷ってしまいます。「働き方改革」と言われてきましたが、なかなかすすみません。それは終業時刻になったらさっと切り上げるという意識改革がなかなかできないからです。その意識改革を若者はやり遂げている、いや「意識改革」ではなく、それが自然な意識だからです。仕事よりも自分の生活・自分の時間（me time）を大事にするという「個人主義」

的意識です。

こうした若者の特徴を理解して、次にあげるような傾向がある若者の成長・発達を信じて、職場や地域でサポートしていくことが大切だと思います。

それではどうサポートしていったらいいでしょうか。新自由主義の影響を受けてきた若者たちの傾向とサポートで大切なことを挙げてみます。

(1) 若者の多くは政治や社会への関心が低く、選挙や社会的活動への参加が少ない

こうした傾向はありますが、真面目な若者が多いので誘うことが大切です。地域のなかで若者と接触する機会は少ないですが、職場では話しかける機会はいくらでもあります。

(2) 若者の多くは内向きで自分から動く・参加するということが少ない

誘う時に1人だけの参加は不安そうでしたら、複数の若者を誘うことで仲間とともに安心して参加できることになります。また、大学生の特徴のところで述べたように、今の若者の多くは「自分の意見は言わない、議論ができない」ので、職場のミーティングや研修会、活動グループでの話し合いでも同じです。原因は、間違ったことを言ったら困るという「正解主義」や目立つことは怖いということがあります。対策としては、4人ほどのグループに分けて、「自由に意見を出し合ってください」と言うと意見が出始めます。大人数で話し合う場合は、話し合いの前に意見

を言えそうな2〜3名の若者に「率先して意見を出してほしい」と頼んでおくのです。皆が意見を出し始めると安心して意見を言うようになります。

議論ができないのは、他人と異なる意見や反対の意見を言うと人間関係が悪くなると考えているからです。「コミュニケーション能力」とは何かを誤解している若者が多く、「コミュニケーション能力とは他人や上司に合わせて、人間関係を上手にやっていける能力」と思っている若者が多いのです。ですから「忖度《そんたく》する」ことも「コミュニケーション」であり、反対意見ばかり言う人は「コミュ障《しょう》（コミュニケーション障害者）」だとまで思っている若者もいます。国会中継を見ていた若者が「野党ってコミュ障なの」と言った話もあります。これは欧米の学校では「意見を言えること・議論ができること」を大事なコミュニケーション能力として育てているのに比べ、日本の多くの学校ではそれが出来ていないことが背景にあります。

(3) 個人主義的であるが、機会をつくれば連帯できる（連帯主義的個人主義）

これはアメリカのハーバード大学のパットナム教授が分析した若者の特徴です。「競争と自己責任」「自助努力」という新自由主義の社会のなかでは自分のことは自分でしか守れないという「個人主義」になりますが、機会をつくれば一致する要求で他の人々と連帯できる「連帯主義的個人主義」の立場に立てるということです。ですから、若者は個人主義的だからと敬遠しないでください。

⑷ 納得して参加することが大切。参加したら仲間づくりの場づくりを

強制的な誘い方や「順番だから」などの機械的な誘い方は嫌われます。なぜ参加してほしいのか、参加する意義は何なのかなどを丁寧に説明して、質問に答え、納得してもらうことが一番大切です。若者の多くは納得すれば積極的に動き始めます。

⑸ ボランティア（社会に貢献したい）意識は高いので、活動に誘いやすい

若者の多くは社会に貢献したいという意識はあります。内閣府が実施している「こども・若者の意識と生活に関する調査」の令和4年度版（2023年5月発表）のなかの「あなたは社会のために役立つことをしたいと思いますか」という質問に、15～39歳の平均は「そう思う」が33・5％、「どちらかといえば、そう思う」が49・4％で、合計して83％もの若者が社会貢献したいと思っているのです。性別でもほぼ同じ傾向があり、年齢でも15歳～19歳が一番多くて合計で88・6％、年齢が上がるにつれ漸減し、35歳～39歳は合計で82・9％となりますが、8割もの若者に社会貢献意識があるのです。したがって若者に社会貢献活動への参加のお誘いは積極的にしていけます。

問題は、若者を誘いたいと思っていても、その機会がなかなかないことです。若者と地域の関係はどうでしょうか。高度成長期には若者は都会志向で地元に住みたいという気持ちは低かったのですが、新自由主義期になると若者の地元志向と家族と一緒にいたいという気持ちは高まって

いきました。新自由主義の2000年代以降、独身者の若者の親との同居率は男女とも70％以上と大変高いのです。前述の内閣府の調査で、「あなたにとって家庭は居場所（ほっとできる場所、居心地の良い場所）になっていますか」という質問に、15歳〜39歳の若者は「そう思う」（58・0％）と「どちらかといえば、そう思う」（32・6％）の合計は90・6％となっています。そして、「あなたにとって地域は居場所になっていますか」という質問には、「そう思う」（17・9％）、「どちらかといえば、そう思う」（33・3％）で合計51・2％となっています。つまり半数の若者にとって地域は居心地の良い場所になっているのです。地域づくり、まちづくりの活動は、自分にとって居心地の良い場所だから参加する人もいるし、逆に居心地の良くない場所だから良くしようと参加している人もいるでしょう。いずれでも地元愛があれば参加する可能性があります。

問題は、若者の地域の人とのつながりです。前述の内閣府の調査で、「あなたは地域の人との関わりで、いつもつながりを感じていますか」という質問に、15歳〜39歳の「そう思わない」「どちらかといえば、そう思わない」の合計は男女ともほぼ84％という回答です。「そう思う」「どちらかといえば、そう思う」の合計回答は15歳〜19歳は21・8％ですが、20歳〜39歳は10％台です。つまり若者には地元愛はあるが、ほとんど地域の人とつながっていないということです。

地域づくり・まちづくりの分野でも「後継者の若者がいない」という悩みを抱えています。これは「社会貢献活動をしたい」という若者が8割以上もいるのに、地域の人とつながっていない若者がやはり8割以上いるからです。どうしたら、この若者に参加してもらえるでしょうか。この状態では、地域でのまちづくりの活動は若者に見えていません。まず、若者に活動を知ってもらうことです。例えば、まちづくりのイベントをする時にどうやって若者に知らせるかです。一番効果的なのは、若者の情報源であるSNSを使うことです。SNSでの広報の仕方は家族などの若者に聞くのが一番です。街頭でのチラシ配布、地方でしたら回覧板で知らせるなどの方法がありますが、若者はそうしたものにほとんど注目しません。手間はかかりますが、地域に住む若者たちに手紙を出す方法もあります。手紙にイベントの案内と、「人手が足りなくて困っているから、助けてください」と書くのです。若者の社会貢献意識に訴えれば、若者は真面目ですから受けとめてくれる人は出てきます。

⑹ ボランティアのみしていても、主権者意識は高まらない

しかし、社会貢献意識と政治的主権者意識は異なります。20代の若者で選挙の投票に行く人は3人に1人であり、また署名やデモなどへの参加も大変低いのです。

ボランティアは他人のためになり、そのことで自己充足感もできます。しかしボランティアをしていれば主権者としての意識が高まるとは限りません。災害ボランティアや介護などの福祉ボランティアなどに参加してもらったら、少人数でいいので報告（会）をしてもらいましょう。これは聞いた人にボランティアの輪を広げていけるとともに、報告する人は災害状況や原因など、福祉の実態や介護の問題などを学習して報告に臨みますから、災害や福祉の背景にある政治や行

政の問題に気づき課題解決の必要性がわかっていきます。そのことで主権者意識が高まるのです。

(7) 弱者やマイノリティの苦労に対する想像力、共感力が弱い人がいる

ボランティア活動も社会を良くする活動も、その動機には弱者やマイノリティの人の苦労などに対する想像力や共感力などがあります。新自由主義の考えでは弱者やマイノリティの苦しみも「自己責任」とされて、ボランティアや社会・政治を良くしていこうという行動には発展しません。それでは想像力や共感力はどうしたら磨かれ、他人事ではなく自分の問題であると感じられるようになるのでしょうか。それにはやはり貧困の実態や障害者の苦労などを学習して知ることが必要で、そのことで個人の尊厳を理解していけるのです。

(8) 若者の多くはリーダーからの上から目線の指導を嫌う

今の若者が求めているリーダー、指導者像は野球の日本チーム監督を務めた栗山英樹監督や青山学院大学陸上競技部の原晋監督のタイプです。これは博報堂若者研究所リーダーの原田曜平さんが『若者わからん！──「ミレニアル世代」はこう動かせ』で指摘していることです。

今までのスポーツチームや企業ではチームや企業のコンセプトに合うように人材を育てるトップダウン型指導だったが、栗山監督や原監督の指導は、「一人ひとりの選手と対話して、現状の彼らの点数をシェアし、彼らに自分のなりたい将来像と今後取りたい点数を考えさせ、そうなる

ためには今どんな練習をすべきかを自分で考えさせる。こうして一人ひとりが立てた目標の合計点が10点を超えるように導く」という自発性に基づく指導ということです。「チーム（会社）のためにこうしろ」ではなく、「君が将来なりたい像に近づくためにはこれをしたほうがいい」とあくまで「for you」の姿勢でアドバイスしているということです。

つまり、「上から目線」でなく「若者の目線」で指導する、そして「先輩が着席するまで座らない」などの無駄な慣習は廃止するが、基本的なルールはきちんと指導するということです（原田曜平2018）。指導が教条的・機械的な指導や管理的・押しつけ的な指導、また成果主義的な指導だと嫌われます。

⑨ 評価は他人との比較でしないこと。その人の成長度合いを評価すること

人を成長させるために他人と比較して評価することが、親から子どもに、上司から部下に、リーダーや指導者からチームのメンバーによく行われています。しかしこうした評価は逆効果を生みます。特に若者には厳禁です。人は誰でも他人と比較されることを嫌います。兄弟姉妹と比較されることもイヤです。親は励まそうとして「お兄ちゃんのようにがんばりなさい」などと言いますが、そんなことを続けていると兄弟の仲はどんどん悪くなっていきます。日本の子ども・若者は自尊感情（自己肯定感）が世界の子ども・若者と比較して著しく低いのですが、他人との比較で感じる自尊感情を「社会的自尊感情」と言います。他人と比較して評価される度にこの自尊感

情は低下していきます。一方、他人との比較ではゆるがないものを「基本的自尊感情」と言い、それは他人との共有感覚（誰かと同じ体験をして共感することが自分をありのままに認めることにつながる）から生まれるのです。ボランティアやまちづくり活動や社会的な活動などを他人と共にして共感することが、自分をありのままに認めることにつながっていきます。ここに自分自身にとっての連帯的活動の意義があります。

具体的にはどう評価したらいいでしょうか。子どもや若者ががんばれていない時は、「どうしたの？」と声をかけます。そして、「前回はがんばったよね」と言うだけでいいのです。その人の前回と今回で比較するのです。最悪なのは、「○○さんはこんなにがんばっているのに」「お兄ちゃんは○○点もとれたのよ」などと他人と比較することです。

⑽ 人を貶《けな》さず、行動を注意すること。人柄をけなしたら憎悪が生まれる

今の子ども・若者は承認欲求が強くあります。「いいね！」を求めています。ですから、褒めることが大事ですが、日本人は褒めることが苦手です。日本と中国の子どもたちへの調査で、日本の教師のほうが褒めることがかなり少ないという結果があります。そして褒め方が大事です。かつて「注意する時は1対1で、褒める時はみんなの前で」というのが基本とされていましたが、今の子ども・若者は違ってきています。第5章で、『先生、どうか皆の前でほめないで下さい』という本を紹介し、今の子ども・若者はみんなの前で褒《ほ》められることを嫌うという実態を述べま

した。注意するのも褒めるのもみんなの前はよしたほうがいいのです。

注意の仕方もとても大事です。かつては、「愛の鞭」とか「厳しい指導で育てる」とかありましたが、今の若者にそうしたら「こんなパワハラには我慢できない」と育つ前に会社でも活動グループでも辞めてしまうケースが多いのです。若者の離職率は、2019年に入社して、その後3年未満で離職した割合は学歴別では大学卒が最も低いのですが、1年未満で離職した割合は11・8%、3年未満では31・5%となっています（厚生労働省「2019年3月新規学卒就職者の離職率」）。若者の新規学卒就職者の3年以内離職率は以前「七・五・三現象」（3年以内離職率が中卒者7割、高卒者5割、大卒者3割）と言われていましたが、上記の厚労省の発表では、中卒57・8%、高卒35・9%、短大等卒41・9%、大卒31・5%と変化しています。

若者が早期離職する理由は、①仕事内容が自分に合わない、②職場の人間関係がよくない、③労働条件が整っていない、となっています。②の人間関係では上司やリーダーとの関係が大きいのです。上司が「叱りつける、怒る」は厳禁です。前述の原田曜平氏は今の若者の特徴は「自意識が高く、叱られることに対する耐性が低く、成長欲や出世欲も高くない」としていますが、成長欲や出世欲が少ないので厳しい指導に対して我慢することがなくなります。

叱りつけることによって辞めてしまったケースは多くあります。いきなり叱りつけられると、特に今の若者は頭の中が真っ白になり、何を叱られているか考えることもできなくなり、感情的な反発感だけになります。それではどのように注意したら良いでしょうか。

失敗などがあった時には、みんなの前で叱ることは厳禁です。子どもたちの言葉に「公開処刑」という言葉がありますが、これは「みんなの前で叱られる」ということなのです。子ども、若者にとって、みんなの前で叱られることはそれほど大変なダメージを受けるということで、本人はもちろん、聞いている人たちも叱っている人に対して悪いイメージが残ってしまいます。必ず1対1で話してください。

他人の行動を注意する時に大事なことは、相手がきちんと受けとめてくれるように話すことです。いきなり叱る・怒るは、相手を感情的にしてしまいます。叱る・怒るではなく、相手のマイナス点を指摘するだけでも感情的にしてしまうことがあります。学校で学期末に保護者に学校に来てもらって行う、担任との懇談があります。一人あたり15分くらいしか時間がないので、問題のある生徒の保護者には担任はいきなりその子の問題点を話し始めます。

保護者は職場に時間休までとって急いで来てみたら、いきなり子どもの「悪口」を言われていると受けとめてしまいます。自分の可愛い子どものことですから感情的になってしまい、担任が何を言っているかより担任への嫌悪感で頭の中は一杯になってしまいます。では、どのように話したらいいでしょうか。どんなに時間が少なくても効果的な話し方には順番があります。それは、まず良い点を褒める、それから問題点を指摘するという順番です。失敗をした人も、問題を抱えている子どもを持つ保護者も、最初に褒められる・評価されると、「この人は自分（自分の子ども）のことをよく理解してくれている」とわかります。この好印象が「この人の言うことを聞こう」という気持ちにさせます。そのためには、担任は子どもの良い点と問題点を把握していること、会社の上司やグループのリーダーは失敗した人の行動についてよく把握していることが必要です。どんな問題のある子にもどんな失敗にも評価すべき点はあります。それを最初に述べてから、本題に入るのです。そうすれば冷静に聞いてもらえます。

もうひとつ大事なことがあります。注意の仕方です。「人を貶《けな》さず、行動を注意する」ことです。決して人柄を貶してはいけません。注意する時に、「だから貴方はダメなんだ」などと言う人がいますが、これは相手の人格・人柄を貶しているのです。こうした言い方は言った人に対する憎悪の感情を生んでしまいます。あくまでも行動を注意してください。

⑾ グループ内の仲の悪い2人をどうするか

自分の（担当する）グループのなかに、とても仲の悪い2人がいることがあります。グループ全体のチームワークや雰囲気も悪くなり仕事にも支障が出ますから、なんとかして2人を仲良くさせようとします。「仕事に悪影響が出ているから」と具体的かつ論理的に説明してもダメな場合があります。そんな時、飲み会やお茶会を計画することがあります。しかし、ほとんど効果がないことが多いのです。どうしたらいいのでしょうか。2人に困難な共同作業を取り組ませるといいのです。これは前述した「自尊感情」のところで述べましたが、2人が協力して作業することで2人には「共有感覚」が生まれます。誰かと同じ体験をすることによって共感が生まれてくるのです。いきなり仲良くなることはありませんが、仲が悪い状態は改善していくことが望めます。

⑿「仕事が面白くない」という人に何と言うか

早期離職する原因の一番は「仕事内容が自分に合わない」でした。そして、介護士や保育士などは仕事が大変なのに賃金が安くて離職する人が多いのです。また若者には「仕事が面白くないから辞めたい」という人も多くいます。若者にそう言われたら上司であるあなたはどう言いますか。多くの場合、「なぜ、そう思うの？」と言う人が多いようですが、そう言われたら「なぜ、私はこの仕事が面白くないんだろう」と考え始め、面白くない理由を一つずつ頭の中で考えていくことになり、かえって「面白くないから辞めたい」という気持ちを増幅させてしまうのです。そんな時は、「何のために仕事をしているの？」と言ったほうがいいのです。そう言われると、自分がなぜこの仕事をめざしたのかという原点に立ち返って考えることになります。「介護の仕事は大変だけど、困っている人の役に立てるからやりたい」などの気持ちに立ち返ることで、「大変だけど、がんばろう」という気持ちになれます。

⒀出世志向が少なく、自分の生活を仕事より重視する

転職メディア「転職サイト比較ｐｌｕｓ」が２０２２年に全国の20代男性の２３２７人（20～

29歳）に対して実施した「出世欲に関するアンケート調査」では、「将来役職者になりたいと考えている」人は22・4％、「考えていない」人は77・6％でした。「出世したいと思わない」理由は、「責任のある仕事をしたくない」「プライベートを大事にしたい」が多く、続いて「目立ちたくない」「会社内の地位に興味がない」でした。今の若者は自分の生活を大事にしていて、それは家でのささやかな生活ですが、それを残業や休日出勤などで犠牲にしたくないのです。かといって休日に旅行をしたり登山に行ったりしている訳ではなく、家でのスマホやゲームの生活が大事なのです。また、お金もなく、仕事などの日々の生活に疲れていて家でスマホやゲームをすることしかできないという若者も多くいます。ですから、バリバリ働いて出世しようという若者は少ないのです。

職場の同僚や上司との飲み会を嫌う若者も増えています。ワイン情報サイト・ワインバザールの調査結果によると、お酒そのものを飲まない20代は44％（「全く飲まない」27％、「ほとんど飲まない」17％）で酒離れが進んでいます。そして、さまざまな理由で飲み会を嫌う若者が増えているのです。「若者世代の『価値観』と『コミュニケーション』に関する調査２０２２」（沢の鶴株式会社とネットエイジア株式会社による20歳～39歳の男女１０００人への調査）では、逆に「どのような飲み会に参加したいと思うか」と聞いていて、1位は「気配りをしなくてもいい」、2位は「自分のペースで飲める」、3位は「あまりお金がかからない」、4位は「落ち着いて飲める」、5位は「説教する人がいない」、6位「短時間で終わる」でした。そのような飲み会なら出てもいいと思っているのです。新型コロナ禍によって飲み会への参加意識はさらに減退しました。しかし、大学のキャンパスに2年間も入れずに学生間の交流もできず、会社でも忘年会のなかった若者には変化が生まれています。民間の調査機関「Ｊｏｂ総研」の２０２２年の忘年会についての調査で「忘年会を実施すること」について、「賛成」「やや賛成」は20代が最も多くて65％、30代が54％、40代が50％、50台が44％でした。この現象についてＪｏｂ総研は「コロナ禍で20代には忘年会の経験がなく、上司と仕事以外の雑談をしたいという声もある。忘年会も会社全体というより、参加したい人だけで少人数で行うなど変わりつつあるのではないか」と分析しています。

⒁ 若者の生活満足度は高いが、精神的幸福度は低い

今の若者は富裕層を除いて、多くの若者は高級な車に乗りたいとか、ブランド品が欲しいとかの欲求はほとんどありません。便利な携帯とコンビニのある生活、そして家でゲームや漫画を見ることなどの生活に満足していて、「生活満足度」が高いのです。内閣府の２０１６年度「国民生活に関する世論調査」では若者の生活満足度は8割台となっています。しかし、２０２０年のユニセフの調査では、日本の子ども・若者の「精神的幸福度」は調査した先進国38ヵ国のなかで37位でした。子どもについては8割がいじめの被害体験を持っていて、15歳〜24歳の自殺率が先進国で最も高いということ、若者については「願いの一番はお金が欲しい」という生活の苦しさがあるのです。大学生の半数が奨学金を受給していて、就職してから20年近く数百万円もの返済

が続くのです。こうした若者の一見矛盾しているかに見える生活満足度と精神的幸福度の実態について知っていることが必要です。

⒂ 若者の多くは成果主義賃金制度に向いていない

前述しましたが、若者の多くは会社で出世するために残業してがんばるよりも自宅に早く帰って自分の時間を大事にするほうを選びます。従って成果を上げるほど賃金が高くなるという成果主義賃金制度には向きません。しかし、学生たちに年功序列賃金制度と成果主義賃金制度とどちらがいいと思うか聞いたところ、成果主義賃金制度に手を挙げた学生のほうが多かったのです。これは「競争と自己責任」「自助努力」と言われて育ってきた影響だと思います。

年齢で賃金が決まるより努力で賃金が決まるほうが「公正」だと思うのです。私は次に、「成果を上げるためには残業したりして人一倍働かなくてはならないけど、やはり成果主義のほうがいいですか」と聞くと、成果主義賛成はぐっと減りました。「日本型年功序列賃金制度は、若い時は賃金が安いけど一人だから何とかなるし、年をとるに従って子どもが増えて、教育費に大変なお金がかかるから年功賃金は助かるんですよ。むしろ、今の若者の自分の生活重視の考えに合っていると思うけど」と言うと、多くの学生が頷いていました。

元々、成果主義賃金制度を導入した会社の多くは経営状態が悪くて人件費を抑制するという目的があったので、成果に見合った公正な賃金になるなどということはなくて働くモチベーションは下がっていきます。また他人との賃金比較で不満が出てきてチームワークも悪くなっていき、会社の生産性は落ちていく例が多いと説明しました。人はお金のためだけに働いているのではなく、働くことに喜びがあるのに、賃金競争させられていくとその喜びが失われていくということを「賢いユダヤ人」の話で説明しました。

これは東大大学院の高橋伸夫教授の授業で聞いた話です。第二次世界大戦前、ユダヤ人排斥が強まっていた時、町で洋服の仕立て屋をしていたユダヤ人の店の前に子どもたちが集まり「ユダヤ人！ユダヤ人！」とやじるようになりました。何とかしてやめさせようと一計を案じた賢いユダヤ人は外に出て行って子どもたちに「私をユダヤ人と呼んだ子には10セントあげる」と言ってお金を1人ずつに配りました。次の日もやってきてやじったので子どもたちに5セントずつ配りました。その次の日、「これが精いっぱいだ」と言って1セントずつ与えました。子どもたちは文句を言って、翌日から来なくなったのです。これは、子どもたちがしていたやじることと満足感は一体のものでしたが、その間に金銭的報酬が割り込んでしまい、その金銭的報酬が与えられなくなると、満足感も得られなくなったからです。「賢いユダヤ人」はお金を配ることで、子どもたちがやじる内発的モチベーション（動機づけ）を「お金をもらえる」という外発的なモチベーションに転換してしまったのです。そして、そのお金がもらえなくなった時、やじるモチベーションは失われてしまったのです。（高橋伸夫２００４）

⒃ 若者の人権感覚は鋭く、職場のダイバーシティ（多様性）推進委員会やセクハラ防止委員会のきちんとした活動が求められる。

第5章で述べましたが、若者の多くはジェンダー平等、多様性、LGBTQ、夫婦別姓などへの理解が進んでいます。職場内での古い慣習(女性がお茶くみや掃除をするなど)はほとんどなくなっています。しかし、日本の２０２３年のジェンダーギャップ（男女格差）指数は世界１４６ヵ国中１２５位で、２００６年の80位（１１５ヵ国中）から落ち続けています。さらに、国会議員や閣僚などの男女人数比では１３８位という最下位クラスです。また、男女の賃金格差は21・３％（２０２２年）で先進国平均の約2倍あります。こうした格差の改善は政治の課題であり、また企業の課題です。

※第8章では、若者研究者の原田曜平さんの著書、池田貴将さん編著『図解 モチベーション大百科』を参考にしました。

※この本の前半は『季刊教育法』２１３号（エイデル研究所、２０２２年）、『児童問題研究』復刊第1号（日本子どもを守る会・児童問題研究所、２０２３年）、『平和のために～学び、調べ、表現する～』22号（平和・国際教育研究会、２０２３年）に書いた拙稿を元に加筆し、また後半には新たに書いた文章を加えて作成しました。

【参考文献】

〈第1章〉

片桐新自（2009）『不安定社会の中の若者たち――大学生調査から見るこの20年』世界思想社
豊泉周治（2014）「『自分らしさ』の迷宮を抜ける――いま、エリクソンを読み直す」『〈私〉をひらく社会学――若者のための社会学入門』大月書店
耳塚寛明（2019）「学力格差の社会学――高い成果を上げている学校に学ぶ」『平等の教育社会学――現代教育の診断と処方箋』勁草書房
土井隆義（2019）『「宿命」を生きる若者たち――格差と幸福をつなぐもの』岩波ブックレット
ロバート・D・パットナム（2006）『孤独なボウリング――米国コミュニティの崩壊と再生』柴内康文訳、柏書房
ロバート・D・パットナム（2013）『流動化する民主主義――先進8ヵ国におけるソーシャル・キャピタル』猪口孝訳、ミネルヴァ書房

〈第4章〉

キア・ミルバーン（2021）『ジェネレーション・レフト』斎藤幸平監訳、堀之内出版
大津尚志（2023）「フランス――市民の育成をめざす共和国の学校、法令による生徒参加制度」『世界に学ぶ主権者教育の最前線――生徒参加が拓く民主主義の学び――』学事出版
古田雄一（2023）「アメリカ――多様な生徒参加の機会を学校・地域ぐるみで保障」『世界に学ぶ主権者

教育の最前線――生徒参加が拓く民主主義の学び――』学事出版
荒井文昭（2023）「ニュージーランド――主権者として学校運営に加わる生徒たち」『世界に学ぶ主権者教育の最前線――生徒参加が拓く民主主義の学び――』学事出版
宮下与兵衛（2016）『高校生の参加と共同による主権者教育――生徒会活動・部活動・地域活動でシティズンシップを』かもがわ出版
宇野由紀子（2017）「1960年代における高校生の政治的活動の制限に関わる不当な支配――69年通知と都道府県通知に着目して――」『日本教育行政学会年報』No．43
両角達平（2021）『若者からはじまる民主主義――スウェーデンの若者政策』萌文社
あぶみあさき（2020）『北欧の幸せな社会のつくり方――10代からの政治と選挙』かもがわ出版
近藤孝弘（2005）『ドイツの政治教育　成熟した民主社会への課題』岩波書店
柳澤良明（2023）「ドイツ――学校全体で取り組む民主主義教育」『世界に学ぶ主権者教育の最前線――生徒参加が拓く民主主義の学び』学事出版
ダイアナ・E・ヘス（2021）『教室における政治的中立性――論争問題を扱うために』春風社
鈴木大裕（2016）『崩壊するアメリカの公教育――日本への警告』岩波書店

〈第5章〉

中嶋哲彦（2023）「こども基本法・こども家庭庁設置法の意義と問題点」『人間と教育』夏（118）号、旬報社
山岸利次（2023）「第4・5回最終所見から見たこども基本法・こども家庭庁の問題点」『人間と教育』夏

（118）号、旬報社
宮下与兵衛（2022）「ウクライナ侵略を考える大学の授業」『教育』923号、旬報社
遠藤晶久（2019）『イデオロギーと日本政治――世代で異なる「保守」と「革新」』新泉社
坂本旬他（2022）『デジタル・シティズンシップ――やってみよう！創ろう！善きデジタル市民への学び』大月書店
キア・ミルバーン（2021）『ジェネレーション・レフト』斎藤幸平監訳、堀之内出版
エティエンヌ・ド・ラ・ボエシ（2013）『自発的隷従論』西谷修監修、山上浩嗣訳、筑摩書房
菅野真文（2023）「高校生のリアルと立憲主義」『教育』924号、旬報社
ロベルト＝ステファン・フォア／ヤシャ・モンク（2020）「世界に広がる民主主義の危機」『強権に「いいね！」を押す若者たち』青灯社
エーリッヒ・フロム（1952）『自由からの逃走』東京創元社
ハンナ・アーレント（2017）『全体主義の起源』新版3巻、みすず書房
ハンナ・アーレント（1969）『イェルサレムのアイヒマン――悪の陳腐さについての報告』新装版、みすず書房
宮下与兵衛（2004）『学校を変える生徒たち――三者協議会が根づく長野県辰野高校』かもがわ出版
宮下与兵衛編（2014）『地域を変える高校生たち――市民とのフォーラムからボランティア、まちづくりへ』かもがわ出版
宮下与兵衛（2016）『高校生の参加と共同による主権者教育――生徒会活動・部活動・地域活動でシティ

ズンシップを』かもがわ出版
今野蓮（２０１８）「高校生の声を市議会へ～高校生による請願活動～」『２０１８ 長野の子ども白書』
岩淵泰（２０２３）「主権者教育とまちづくり――岡山県立新見高等学校の陳情活動を一例に」『Ｖｏｔｅｒｓ』76号、明るい選挙推進協会

〈第6章〉
大津尚志（２０２３）「フランス――市民の育成をめざす共和国の学校、法令による生徒参加制度」『世界に学ぶ主権者教育の最前線――生徒参加が拓く民主主義の学び』学事出版
小島ブンゴード孝子他（２０２３）『デンマークにみる普段着のデモクラシー』かもがわ出版
ロジャー・ハート（２０００）『子どもの参画――コミュニティづくりと身近な環境ケアへの参画のための理論と実際』木下勇他訳、萌文社
竹原幸太（２０２２）「地域・まちづくりと子ども参加――山形県遊佐町少年議会の活動から見えてくるもの」『子どもの権利研究』33号

〈第8章〉
原田曜平（２０１８）『若者わからん！――「ミレニアル世代」はこう動かせ』ワニブックス
髙橋伸夫（２００４）『虚妄の成果主義――日本型年功制復活のススメ』日経ＢＰ社
池田貴将編著（２０１７）『図解 モチベーション大百科』サンクチュアリ出版

あとがき

21世紀は戦争のない平和な地球になると多くの人が思っていたと思いますが、地球温暖化でこのままいくと人類が住めない地球になると警告されています。そんな人類の危機が迫っている時に、次々に民主主義の国が独裁国家に移行して、その独裁者たちが領土拡大のための戦争を続けていますが、国連は国連のもつ弱点のために国際法違反の戦争を止めることができません。

また、国内では安倍元首相銃撃事件以降、政権党と韓国の宗教団体との癒着、政党パーティーをつかった裏金づくりなどの政治の闇が次々に明るみに出てきました。こうしたことは政治家と政治に対する失望感を深め、特に若者たちの政治離れがますます進むことが心配されます。国民が政治への失望感と無関心を深めたときファシズムについていった歴史はドイツを見ればわかります。

この国の未来、この地球の未来を決めていくのが若者たちです。

しかし、若者たちが生きていくのに今の冷たく苦しい社会をつくったのは私たち大人であり、莫大な国の借金をつくってしまったのも大人の責任です。この社会を、この借金を若者たちに背負わせてしまうことはできません。私たちの責任でこの社会を、この政治を変えなくてはなりません。変えるためには、若者とともに協同しなくては変えられません。

この本では、そうした社会変革の先頭に立っている欧米の若者たちの活動とそれを支えている学校の市民を育てる教育、自治体の主権者を育てる教育がどう行われているのか紹介しました。また、なぜ日本の若者たちが立ち上がれないでいるのか、その原因を考え、そうした現状を変えている学校、自治体、職場の素晴らしい取り組みを紹介しました。

そうした各団体の取り組みについてお聞きした、長野県松本工業高校の有賀久雄さん、東京高校生平和ゼミナールの沖村民雄さん、山形県遊佐町の斎藤愛彩さん、愛知県新城市の川合正敏さん・加瀬川雄貴さん、神奈川県立湘南高校の高校生ふきたろうさん、全日本民医連会長の増田剛さんと職員育成部の川上和美さん・西村峰子さんと若手医師の河野絵理子さん、そして、本書を推薦していただいた全日本民医連会長の増田剛さん、日本若者協議会代表理事の室橋祐貴さんに御礼申し上げます。

かもがわ出版の三井隆典会長には4冊目の出版としてお世話になり、感謝いたします。

2024年2月1日　　　　宮下与兵衛

※この本の研究には、「生徒参加による主権者教育に関する日米仏独の比較研究」科学研究費補助金・基盤（C）を受けています。

宮下与兵衛

（みやした・よへえ）

東京都立大学大学院人文科学研究科客員教授。1953 年長野県生まれ。早稲田大学卒業後、長野県の高校教員を37年間勤める。54歳で休職して大学院に入り、翌年から定時制高校に勤務しながら、東京大学大学院教育学研究科博士後期課程単位取得退学。60歳より東京都立大学特任教授。「開かれた学校づくり」全国連絡会共同代表。教育科学研究会常任委員。

著書：

『高校生の参加と共同による主権者教育――生徒会活動・部活動・地域活動でシティズンシップを』（かもがわ出版、2016年）

『学校を変える生徒たち――三者協議会の根づく長野県辰野高校』（かもがわ出版、2004 年）

編著：

『校則、授業を変える生徒たち――開かれた学校づくりの実践と研究』（同時代社、2021 年）

『地域を変える高校生たち――市民とのフォーラムからボランティア、まちづくりへ』（かもがわ出版、2014年）

『子ども・学生の貧困と学ぶ権利の保障――貧困の実態と教育現場のとりくみ』（平和文化、2010年）

『高校生が追う戦争の真相―地域の戦争を掘りおこす信州の高校生平和ゼミナール』（教育史料出版会、1991年）

共著：『世界に学ぶ主権者教育の最前線――生徒参加が拓く民主主義の学び』（学事出版、2023年）

『参加と共同の学校づくり――「開かれた学校づくり」と授業改革の取り組み』（草土文化、2008年）

『わたしたちの日本国憲法』（平和文化、1999年）など

宮下与兵衛（みやした・よへえ）

東京都立大学大学院人文科学研究科客員教授
「開かれた学校づくり」全国連絡会共同代表
教育科学研究会常任委員
1997年に長野県(立)辰野高校で生徒が学校運営に参加する
「三者協議会」を立ち上げ、その後全国に広がったモデルとなる。
全国各地の団体から呼ばれ、若者についての講演活動をしている。

若者とともに
地域をつくる 学校を変える 社会・政治を変える

2024年4月3日　第1刷発行

著　者　© 宮下与兵衛
発行者　竹村正治
発行所　株式会社かもがわ出版
〒602-8119　京都市上京区堀川通出水西入
TEL075-432-2868　FAX075-432-2869
振替 01010-5-12436
ホームページ http://www.kamogawa.co.jp
印　刷　シナノ書籍印刷株式会社

ISBN978-4-7803-1319-2　C0037